AF630868

EIN GESCHENK FÜR

VON

DATUM

Über die Autoren

Max Lucado war langjähriger Pastor der Oak Hills Church in San Antonio, Texas. Er ist verheiratet, Vater von drei Töchtern und Verfasser vieler Bücher. Fast 130 Millionen Exemplare seiner Werke wurden inzwischen weltweit verkauft und in über 50 Sprachen übersetzt. Die Zeitschrift „Christianity Today" zählt ihn zu den bekanntesten christlichen Autoren Amerikas.

Tama Fortner arbeitet seit über 25 Jahren als erfolgreiche Autorin, Ghostwriterin und Herausgeberin von Büchern für Kinder, Jugendliche und Erwachsene. Mit ihrem Mann und zwei Kindern lebt sie in Nashville, Tennessee, USA.

MAX LUCADO
TAMA FORTNER

Auf GOTT kannst du DICH verlassen

90 ANDACHTEN FÜR KIDS

Aus dem Englischen übersetzt von Christiane Henrich
und fürs Deutsche bearbeitet von Verena Keil.

GerthMedien

Der Verlag weist ausdrücklich darauf hin, dass im Text enthaltene externe Links vom Verlag nur bis zum Zeitpunkt der Buchveröffentlichung eingesehen werden konnten. Auf spätere Veränderungen hat der Verlag keinerlei Einfluss. Eine Haftung des Verlags ist daher ausgeschlossen.

Die automatisierte Analyse des Werkes, um daraus Informationen insbesondere über Muster, Trends und Korrelationen gemäß § 44b UrhG („Text und Data Mining") zu gewinnen, ist untersagt.

Die meisten Bibelstellen im Buch sind frei in einer kindgerechten Formulierung wiedergegeben und mit „nach (Bibelstelle)" gekennzeichnet.
Darüber hinaus wurden folgende Bibelübersetzungen verwendet:
Neues Leben. Die Bibel, © der deutschen Ausgabe 2002 und 2006 R.Brockhaus in der SCM Verlagsgruppe GmbH, Holzgerlingen (www.brockhaus-verlag.de) (NL)
Einsteigerbibel, Die Bibel – Übersetzung für Kinder © 2019/2021 Bibellesebund Verlag, Marienheide, Deutsche Bibelgesellschaft, Stuttgart, SCM Verlag, Holzgerlingen (ÜK)
„Hoffnung für alle", © 1983/1996/2002/2015 by Biblica, Inc. (Hfa)
Das Buch. Neues Testament, Psalmen, Sprichwörter – übersetzt von Roland Werner, © 2009/2014/2022 R.Brockhaus in der SCM Verlagsgruppe GmbH, Holzgerlingen (www.brockhaus-verlag.de) (DB)
Gute Nachricht Bibel, durchgesehene Neuausgabe, © 2018 Deutsche Bibelgesellschaft, Stuttgart (GN)
Die Bibel nach Martin Luthers Übersetzung, revidiert 2017, © 2016 Deutsche Bibelgesellschaft, Stuttgart (LU)

Die Originalausgabe ist unter dem Titel „You Can Count on God" erschienen bei Thomas Nelson, a registered trademark of HarperCollins Christian Publishing, Inc., Nashville, Tennessee, USA.
© 2022 Max Lucado

Copyright der deutschen Ausgabe © 2024 Gerth Medien
in der SCM Verlagsgruppe GmbH
Max-Eyth-Str. 41 · 71088 Holzgerlingen
gerth.de

3. Auflage 2026
Bestell-Nr. 817951
ISBN 978-3-95734-951-4

Umschlaggestaltung: Andreas Sonnhüter · grafikbuero-sonnhueter.de
Umschlagmotiv: PONOMARCHUK OLGA, Nustian Degraf, jamongcreator (shutterstock)
Satz: Carsten Schmidt
Druck und Verarbeitung: GGP Media GmbH, Pößneck
Printed in Germany

EIN BRIEF VON MAX

Hey du,

ich hab hier ein paar Fragen an dich:

Wem vertraust du felsenfest?

Gibt es jemanden, dem du zutraust, mit dir deine Ängste zu besiegen?

Wenn jemand gemein zu dir war und was Schlechtes zu dir gesagt hat, kannst du mit deinem Kummer dann zu jemandem hingehen?

Wenn in deinem Leben etwas Fantastisches passiert ist und du vor Freude hüpfen und jubeln könntest – mit wem möchtest du dann feiern?

Vielleicht antwortest du: Meine Eltern, meine Geschwister, die Großeltern, Freunde, meine Lehrer. Das sind super Antworten! Ich hoffe, dass du solche Menschen in deinem Leben hast, mit denen du schwierige und wunderschöne Zeiten erleben kannst.

Aber noch mehr hoffe ich, dass die Nummer 1 auf deiner Liste dein himmlischer Papa ist. Warum? Weil Gott alles weiß, egal, was in deinem Leben passiert. Er möchte deine Ängste, deinen Schmerz und deine Freude mit dir teilen. Dein himmlischer Papa freut sich total über dich! Er ist dein bester Freund. Zu ihm kannst du mit allen deinen Sorgen und Ängsten und Problemen kommen.

Deshalb gilt: Egal, was in deinem Leben passiert – Gutes, Schlechtes, Fröhliches, Trauriges –, denk immer dran: Auf Gott kannst du dich verlassen!

Ich tu das jedenfalls.

Alles Gute,
dein Freund Max

PS: Damit du Andachten zu einem bestimmten Thema schneller findest, gibt es im Anhang ab Seite 197 noch eine **Liste der Andachten**, die sich auf konkrete biblische Texte beziehen – sowie ein **Stichwortverzeichnis**.

1

UNTER GOTTES FLÜGELN GEBORGEN

Wie eine Vogelmama ihre Flügel über ihre Küken ausbreitet, so wird er auch dich stets behüten und dir nahe sein.

Nach Psalm 91,4

Hast du schon mal gesehen, wie eine Vogelmutter ihre Jungen mit ihren Flügeln zudeckt? Sie macht das, weil sie ihre Küken beschützen will. Sie sollen nicht nass werden vom Regen und auch nicht frieren. Und am wichtigsten: Kein Feind soll die Kleinen wegschnappen. Nicht, solange die Vogelmama da ist!

Kennst du den Schafhirten David aus der Bibel? David passte auf die Schafe seines Vaters auf. Wahrscheinlich sah er dabei draußen auf den Wiesen auch Vogelküken, die sich unter den Flügeln ihrer Mutter versteckten. Vielleicht fiel ihm deshalb die Vogelmama ein, als er in dem Psalm 91 davon schrieb, wie Gott uns beschützt.

David war ein Experte im Andere-Beschützen. Als Schafhirte war seine Aufgabe, die Schafe zu beschützen. Oft schlichen hungrige Löwen umher. Und es gab auch wilde Bären, die sehnsüchtig auf einen Leckerbissen warteten. Es war Davids Aufgabe, die Schafe zu beschützen, aber wer beschützte ihn vor den wilden Tieren? Das tat Gott!

Sobald es gefährlich wurde, beschützte Gott David – wie eine Vogelmutter mit den Flügeln ihre Jungen beschützt. Allerdings hat Gott keine Flügel aus Federn. Er beschützt uns mit seiner Kraft, seinem Mut und seiner Liebe. David wusste, dass Gott ihn immer beschützt. Er sagte einmal: „Gott hat mich wirklich vor den Krallen der Löwen und Bären geschützt!" (1. Samuel 17,37).

Ich vermute mal, dass in deinem Garten kein Bär rumläuft und in deinem Wohnzimmer kein Löwe in der Ecke lauert. Aber vielleicht ist dein unsichtbarer „Bär" ein Test in der Schule, vor dem du Angst hast. Oder die Suche nach einem netten Sitznachbarn an der neuen Schule ist für dich so Angst einflößend wie ein Löwe. Bei allem, was du erlebst, denk immer dran: Gott beschützte David. Und auch du darfst Gott vertrauen, dass er dich mit Kraft, Mut und seiner Liebe beschützt!

Jetzt bist du dran!

Wälze einen Tannenzapfen in Erdnussbutter und anschließend in Vogelfutter. Häng den Zapfen draußen auf. Sooft du den Vögeln beim Picken zuschaust, denk dran, dass Gott dich wie mit Flügeln beschützt.

2

GOTT, DER GENIALE SCHÖPFER

Der Himmel erzählt davon, wie groß Gott ist.
Und das ganze Universum zeigt,
was für ein genialer Schöpfer Gott ist.
Nach Psalm 19,1

Wenn du wissen willst, ob es Gott wirklich gibt, brauchst du dich nur umzusehen: nach oben, nach unten und um dich herum. Betrachte eine Blume mal ganz genau. Woher weiß sie, welche Farbe sie haben soll? Oder schau dir an, wie toll eine winzige Schneeflocke aussieht. Wer hat sie so toll gestaltet? Spür mal, wie der Wind dein Gesicht berührt. Woher weiß der Wind, wohin er wehen soll? Lauf mal einem Schmetterling hinterher. Wer hat seine Flügel mit so schönen Farben angemalt? Und wer hat eigentlich die Sterne gemacht, und dem Mond gesagt, dass er scheinen soll?

Sieh mal nach oben, nach unten und um dich. Überall siehst du die Beweise! Du kannst Millionen Fragen stellen – und dann noch mal eine Million: wer, wieso, weshalb und wie. Die Antwort auf jede Frage lautet immer: Gott steckt dahinter.

Manche Leute sagen, das Universum, die Erde und alles auf der Erde sei einfach so entstanden – sogar du und ich. Alles sei Zufall und ein Geheimnis. Doch du brauchst dich nur umzuschauen, um zu erkennen, dass das nicht wahr ist.

Gott möchte, dass seine Menschen ihn erkennen. Darum steckte er den Beweis dafür, dass es ihn wirklich gibt, in jede Blume und jeden Baum. Er stempelte ihn auf jede Schneeflocke und jeden Schmetterlingsflügel. Gott sagt uns, dass er immer bei uns sein will – und das zeigt er uns damit, dass jeden Morgen die Sonne aufgeht und jeden Abend der Mond am Himmel erscheint. Gott sorgt in seiner großen Liebe sogar dafür, dass auch der kleinste Vogel Nahrung und ein weiches Nest hat.

Falls du dich mal fragst, ob es Gott wirklich gibt, ob ihn unsere Welt interessiert, dann schau dich um: hoch, runter, um dich. Überall kannst du den Beweis sehen! Es gibt Gott wirklich! Gott ist der Schöpfer. Er liebt seine Schöpfung, ganz besonders dich und mich.

Jetzt bist du dran!

Schnapp dir eine Lupe und geh nach draußen. Untersuche ein Blatt, ein Blütenblatt oder den Flügel eines Schmetterlings. Nimm auch deine eigenen Finger unter die Lupe. Erkennst du Gottes wunderbare Muster?

3

DU BIST GOTTES GENIALE IDEE

Gott, ich danke dir dafür, dass du mich so wunderbar und einzigartig gemacht hast! Großartig ist alles, was du geschaffen hast!
Psalm 139,14 (Hfa)

Du bist eine geniale Idee! Also, ich meine nicht, dass du gute Ideen hast – wobei das ganz sicher auch stimmt. Ich meine, du *als Person* bist eine wunderbare Idee. Gott hat sich dich ausgedacht. Und Gottes Ideen sind immer großartig.

Als Gott sich vornahm, den ersten Mann und die erste Frau zu erschaffen, sagte er: „Jetzt wollen wir den Menschen machen. Der soll uns ähnlich sein" (siehe 1. Mose 1,26). Gott sagte nicht: „Wir wollen Ozeane erschaffen, die so aussehen wir." Oder: „Blumen, die aussehen wie wir." Oder: „Giraffen, die uns ähneln." Nichts anderes in der gesamten Schöpfung ist Gott ähnlich. Keine Pflanze, kein Baum. Weder Elefanten noch Ameisenbären, nicht einmal der süßeste kleine Welpe. Weder die Sterne noch die Berge noch die Meere. Nur die Menschen – auch du und ich.

Was bedeutet es, nach Gottes Vorbild geschaffen zu sein? Es bedeutet: Wir sehen aus wie er. Vielleicht nicht äußerlich. Aber im Inneren – in deinem Herzen und in deinem Geist bist du so wie Gott. Bedeutet das, dass du und ich perfekt und ohne Fehler sind? Nein, das ist niemand. Außer natürlich Jesus. Aber wir ähneln Gott, weil all unsere Freundlichkeit und unser Mut von ihm kommen. Und am allermeisten ähneln wir ihm, wenn wir andere lieben, ihnen helfen und vergeben.

Möglicherweise lachen dich manche Leute aus, wenn du einen Fehler machst. Manche beschimpfen dich vielleicht sogar. Andere wollen vielleicht nicht mit dir befreundet sein, weil du nicht so tolle Klamotten hast wie sie. Hör nicht auf sie. Denk stattdessen an Folgendes: Du bist nach Gottes Vorbild geschaffen! Du bist wie ein Diamant, richtig kostbar! Du bist so wichtig für Gott und er hat dich so sehr lieb, dass er seinen Sohn Jesus schickte, um dich für immer bei sich zu haben.

Gott hat überall auf dir seine Fingerabdrücke hinterlassen. Die kannst du natürlich nicht sehen. Aber sie sind trotzdem da! Du bist Gottes obergeniale Idee, und dich findet er großartig!

Jetzt bist du dran!

Kennst du das Lied „Voll-Voll-Volltreffer – ja ein Volltreffer Gottes bist du!" von Daniel Kallauch? Sing mit!

4

ZWEI FIESE GESTALTEN

Wenn wir Gott sagen,
dass uns unsere Fehler leidtun,
dann vergibt er uns.
Nach 1. Johannes 1,9

Du kennst bestimmt die Geschichte von Adam und Eva. Als die beiden im Paradies lebten, kam eine listige Schlange. Sie verführte die Menschen dazu, von der einen Frucht zu naschen, die Gott ihnen verboten hatte. Die Schlange sagte, durch die Frucht würden Adam und Eva so sein wie Gott. Doch das war eine Lüge.

Als Adam und Eva hörten, wie Gott durch den Garten kam, war ihnen sofort klar: Sie hatten etwas total falsch gemacht. Sie schämten sich und fühlten sich schuldig. Das war ein schreckliches Gefühl für sie, das sie noch nie zuvor gehabt hatten. Plötzlich bekamen sie Angst. Was würde Gott wohl sagen, wenn er erfuhr, was sie getan hatten? Darum liefen Adam und Eva weg und versteckten sich.

Doch natürlich fand Gott sie. Die Wahrheit kam ans Licht. Und tatsächlich gerieten sie in Schwierigkeiten. Aber selbst in diesem Moment kümmerte Gott sich um Adam und Eva. Er sorgte dafür, dass sie etwas zum Anziehen hatten und zu essen bekamen. Außerdem hatte er bereits einen Plan, wie er ihre Fehler komplett ausradieren wollte.

Wenn du bewusst etwas Falsches tust, bekommst du ein schlechtes Gewissen. Dir ist klar: Du hättest nicht diese Lüge erzählen oder nicht bei dieser Prügelei mitmachen sollen. Oder nicht so tun sollen, als wärst du krank, damit du nicht in die Schule gehen musst. Aber du hast es getan und fühlst dich jetzt schrecklich. Dein schlechtes Gewissen ist auf einmal so gigantisch, dass es sich anfühlt, als könnte es dir jeder ansehen. Zum schlechten Gewissen kommt dann noch die Angst: *Werde ich erwischt? Wird es jemand rausfinden?*

Schlechtes Gewissen und Angst – das sind zwei ziemlich fiese Gestalten, die dich überfallen, wenn du etwas planst oder tust, von dem du genau weißt, dass es falsch ist.

Doch es gibt einen sicheren Weg, diese beiden ungeliebten Gestalten zu vertreiben: nämlich zugeben, was du getan hast. Ich weiß, es klingt verrückt, aber glaub mir, sobald das passiert, wovor du dich am meisten fürchtest – nämlich, dass die Wahrheit ans Licht kommt –, verlieren schlechtes Gewissen und Angst die Macht über dich! Also erzähle Gott alles und bitte ihn, dir zu verzeihen. (Er wird es tun!) Sag zu der Person, der du Unrecht getan hast, dass es dir leidtut. Dann mach das, was du kannst, um die Sache wieder in Ordnung zu bringen.

Gebet

Gott, danke, dass du mir vergibst, wenn ich mal was falsch gemacht habe. Danke, dass ich mit allem zu dir kommen darf und du mich immer lieb hast. Amen.

5

GOTT WIRD ALLES NEU MACHEN

Wir warten auf den neuen Himmel und die neue Erde, die Gott uns versprochen hat. Dort wird Gott für immer gerecht regieren.

Nach 2. Petrus 3,13

So viel Leid auf der Welt: Krieg, Unfälle, fiese Krankheiten und Streit. So viel Chaos. Aber so war das nie geplant!

Am Anfang, als Gott Himmel und Erde machte, war alles sehr gut (1. Mose 1). Doch dann kam das Böse in Form einer listigen Schlange. Mit hinterhältigen Worten brachte sie Adam und Eva dazu, die Früchte von dem einen Baum zu essen, den Gott ihnen verboten hatte. So kam das Chaos in die Welt: das Leid. Und warum passierte das? Weil die Menschen Gott nicht mehr vertrauten.

Trotzdem ist Gott noch bei den Menschen und es gibt sehr viel Schönes auf der Welt: das Schnurren eines Kätzchens, wundervolle Badestrände, niedliche Tiere, Lachen, liebe Menschen, die uns in den Arm nehmen.

Ja, unsere Welt ist kaputt. Aber Gott hat seinen Sohn Jesus auf die Erde geschickt, um alles neu zu machen. Jesus hat bereits unsere Trennung von Gott überwunden und den Tod besiegt! Und wenn er eines Tages wiederkommt, wird alles so, wie Gott es haben möchte. Mäuse werden mit Katzen befreundet sein und Lämmer werden sich an Wölfe kuscheln. Haie werden niemanden mehr beißen. Es wird weder Erdbeben noch Tornados noch Gewitter geben.

Es wird keinen Schmerz mehr geben. Keine Krankheit, keine Traurigkeit. Kein Zanken, keine Prügelei, keinen Neid. Nur Liebe und Freude und Frieden und – das ist das Beste – Gott! Bis es so weit ist, will Gott schon jetzt seine Liebe aus dir herausstrahlen, wie ein Licht aus einer Lampe. Gott möchte dich gebrauchen, damit die Welt schon jetzt ein kleines bisschen so wird, wie er sie haben möchte. Zum Beispiel, indem du freundlich zu anderen bist oder anderen hilfst.

Ja, auf unserer Welt ist so viel Chaos. Aber eines Tages wird sich das ändern. Ich jedenfalls kann es kaum erwarten, das zu erleben!

Jetzt bist du dran!

Säe Kressesamen in einer Schale, die du vorher mit Watte bedeckst. Stell die Schale auf das Fensterbrett und halte die Watte feucht. Und dann beobachte, wie in den nächsten Tagen etwas Neues aus den Samen wächst!

6

ZEIG AUF GOTT!

Tut alles so, dass Gott
seine Freude daran hat!
Nach 1. Korinther 10,31

„Guck mal mein Zeugnis an!“, rufst du deiner Mutter zu, damit sie deine guten Noten sieht.

„Schaut mal her!“, sagst du zu deinen Freunden, während du ein Kunststück auf deinem Skateboard vorführst.

Jeder von uns möchte gesehen werden. Sogar die Erwachsenen. Darum habe ich eine super Nachricht: Gott sieht dich immer!

Frag mal Hagar. Hagar? Ja, sie war die Dienerin von Abraham und Sara. Als Hagar schwanger war, wurde Sara sehr eifersüchtig, weil sie keine eigenen Kinder bekommen konnte. Darum war Sara sehr gemein zu ihrer Dienerin Hagar. Es wurde so schlimm, dass Hagar weglief. In die Wüste. Aber Gott sah sie auch dort. Er schickte seinen Engel, um ihr zu helfen und ihr ein Versprechen zu geben: Ihr Kind würde eines Tages so viele Nachkommen haben, dass man sie nicht mehr zählen kann.

An diesem Tag dachte Hagar sich einen neuen Namen für Gott aus. Sie nannte ihn *El Roi*. Das bedeutet: „der Gott, der mich sieht“.

Gott sieht dich auch! Immer. Egal, wo du bist. Und er wünscht sich, dass du anderen hilfst, ihn, den himmlischen Papa, zu sehen. Wenn andere dich anschauen, sollen sie nicht bloß sehen, wie hoch du schaukelst, wie schnell du radelst oder wie großartig du auf dem Trampolin springst. Ja, Gott freut sich darüber! Er freut sich zu sehen, was du alles kannst, und er ist stolz auf dich! Aber er freut sich auch, wenn du anderen Menschen etwas von *ihm* zeigst: wie liebevoll Gott ist. Das tust du, indem du andere gut behandelst, freundliche Worte sagst oder gerne hilfst, anderen verzeihst und großzügig bist.

Gebet

Gott, danke, dass du mich siehst. Bitte zeig mir, wie ich anderen Menschen deine Liebe weitergeben kann. Damit sie erkennen, wie gut du bist. Amen.

7

GOTT HAT EINEN GUTEN PLAN

Gott hat uns von Anfang an
als seine Kinder ausgewählt,
so hatte er es beschlossen.
Epheser 1,11 (NL)

Josef hatte alles. Er war der Lieblingssohn seines Papas. Josef besaß einen unfassbar schönen Mantel in bunten Farben. Außerdem hatte er nachts oft seltsame Träume. Aber noch etwas hatte Josef: einen Haufen eifersüchtiger Brüder. Sie waren neidisch auf Josefs tollen Mantel. Und sein Gerede von den komischen Träumen ging ihnen auf die Nerven. Also verkauften die Brüder Josef – als Sklaven. So wurden sie ihn los.

Josef landete als Sklave in einem fernen Land: in Ägypten. Dort arbeitete er schwer und sein Chef lobte ihn dafür. Josefs Leben wurde wieder besser. Aber eines Tages passierte wieder etwas Schlechtes: Die Frau von Josefs Chef beschuldigte Josef für etwas, was er gar nicht getan hatte. Alle glaubten der Frau – und Josef kam ins Gefängnis.

Warum ließ Gott all diese schlimmen Dinge geschehen? Wir wissen es nicht. Aber Josefs Geschichte war noch nicht zu Ende. Und Gott gebrauchte all das Schlechte, um am Ende etwas Wunderbares daraus zu machen:

Im Gefängnis traf Josef einen Diener des Königs von Ägypten. Mit Gottes Hilfe erklärte Josef dem Diener einen Traum – der Diener hatte nämlich was ganz Seltsames geträumt. Als auch der König später Hilfe brauchte, um einen Traum zu verstehen, erinnerte sich der Diener an Josef. Und schneller als die Feuerwehr kam Josef vom Knast in den Palast! Dort wurde er zum wichtigsten Mann an der Seite des Königs ernannt. Und so konnte Josef den Ägyptern mit Essensvorräten helfen, als eine große Hungersnot begann. Und am Ende konnte Josef sogar seine eigene Familie und seine Brüder, die ihn entführt hatten, vor dem Verhungern bewahren!

Jahre später sagte Josef zu seinen Brüdern: „Ihr hattet Böses mit mir vor, aber Gott hat es zum Guten gewendet; denn er wollte auf diese Weise vielen Menschen das Leben retten“ (1. Mose 50,20; GN).

Wenn du also das nächste Mal Probleme hast und dir nicht vorstellen kannst, wie das Leben wieder gut werden kann, gib nicht auf. Vertrau auf Gott. Er hat einen guten Plan. Und er meint es immer gut mit dir!

Jetzt bist du dran!

Als bei Josef alles schiefging, entschied er sich trotzdem, das Richtige zu tun. Wenn du einen schlechten Tag hast, was kannst du dann tun? Unterstreiche, was davon gut und hilfreich ist: schmollen – Geduld haben – beten – wütend sein – andere unfair behandeln – liebevoll mit anderen umgehen – dich im Bett verkriechen.

8

GOTT IST IMMER BEI DIR

Rufe mich an, wenn du in Not bist! Dann will ich dich retten, und du wirst mich dafür loben!
Nach Psalm 50,15

In der Bibel gibt es eine lange Geschichte über einen Mann, der Mose hieß. Mose war ein Israelit, doch er wuchs in einem fremden Land auf – in Ägypten. Genauso wie die anderen Menschen aus seinem Volk. Die Israeliten waren alle Sklaven in Ägypten. Eines Tages brachte Mose vor Zorn einen Ägypter um, der einen Israeliten schlecht behandelte. Nun hatte Mose Angst, dass der ägyptische König ihn mit dem Tod bestrafen würde, deshalb floh er.

Mose wurde Schafhirte in einer weit entfernten, einsamen Gegend. Und genau dort begegnete er eines Tages Gott. Allerdings war das keine normale Begegnung. Gott kam nicht und sagte: „Hallo, Mose! Schön, dich hier zu sehen" oder so. Sondern diese Begegnung war sehr seltsam ... Mose entdeckte einen Busch, der brannte. Das Feuer war hell und knisterte laut, aber der Busch verbrannte nicht! Mose kam neugierig näher. Da sprach Gott plötzlich aus dem Busch: „Mose, Mose!" (2. Mose 3,4). Bestimmt war Mose sehr erschrocken und machte drei Schritte zurück.

Und Gott redete weiter – er gab Mose einen Auftrag: „Geh zurück nach Ägypten. Du sollst das Volk der Israeliten, mein Volk, aus Ägypten herausführen und es an einen besseren Ort bringen."

Aber Mose zweifelte an dem Auftrag. „Äh, Gott. Ich glaube nicht, dass das eine gute Idee ist. Ich weiß nicht, ob die Menschen mir vertrauen werden."

Da sagte Gott: „Wenn du zurückgehst, sag ihnen: ‚Der ICH BIN hat mich geschickt'" (2. Mose 3,14).

ICH BIN hat in der hebräischen Sprache eine besondere Bedeutung, nämlich: „Gott lebt für immer und ist immer bei seinem Volk". Also damals bei Mose und genauso auch heute bei uns. Jedes Mal, wenn du ängstlich, traurig, zu Tode erschrocken oder wahnsinnig schlecht drauf bist, schrei zu Gott. Mach dir bewusst, dass der ICH BIN bei dir ist und dir hilft.

Gebet

Gott, du bist so groß. Du warst schon immer da und wirst immer da sein. Und das Beste ist, dass du immer bei mir bist! Amen.

9

GOTT – DER GROSSE PROBLEMLÖSER

Gott sagt:
„Fürchte dich nicht,
denn ich bin bei dir."
Jesaja 43,5 (NL)

Vor langer Zeit gab Gott den Menschen ein Versprechen. Wenn du dich dafür entscheidest, Gott zu vertrauen, dann gehörst du zu seiner Familie – und dann gilt das Versprechen auch für dich!

Du willst wissen, wie das Versprechen lautet? „Gott wird für dich sorgen" (siehe Jesaja 43,1–5)! Und weil Gott *Gott* ist, kann er das auch wirklich. Egal, welche Probleme dir über den Weg laufen. Du fragst, warum Gott überhaupt für dich sorgen will? Antwort: Weil du in seinen Augen *kostbar und wertvoll bist* (Vers 4).

Manchmal löst Gott sein Versprechen durch Kleinigkeiten ein. Beispielsweise, indem er dir einen Freund schickt, der dich an einem miesen Tag aufmuntert. Ein anderes Mal hilft Gott dir vielleicht auf unsichtbare Weise. Vielleicht räumt er ein Problem aus dem Weg, noch bevor du weißt, dass ein Problem da ist! Vielleicht tut er auch etwas Großes: Ein lieber Mensch mit einer schweren Krankheit wird plötzlich wieder gesund. Oder du bekommst richtig viel Mut für eine schwierige Situation.

In der Bibel kannst du viele Geschichten lesen, die zeigen, wie genial Gott den Menschen damals geholfen hat. Zum Beispiel den Israeliten, als Mose sie aus Ägypten herausgeführt hat. Endlich waren sie frei und keine Sklaven der Ägypter mehr! Aber nun kam das nächste Problem: Der ägyptische König wollte plötzlich seine Sklaven zurückzuholen. Er schickte seine Armee los. Nun saßen die Israeliten fest – zwischen der Armee und dem Schilfmeer. Sie kamen nicht vorwärts und zurück ging es auch nicht mehr.

Was würdest du tun, wenn du einer dieser Israeliten wärst? Panik schieben? Versuchen hinüberzuschwimmen? Dich hinter einem Baum verstecken? Die Israeliten brauchten nichts davon zu tun. Denn Gott griff ein. Er sorgte für die Menschen, indem er das Meer teilte! Ja genau. Er schickte einen sehr starken Wind, der das Wasser zurückdrängte, bis es einen trockenen Weg mitten durch das Meer gab. Unfassbar, oder?

Wenn du in einem Problem feststeckst, hab keine Angst! Vertrau auf Gott. Sag ihm, was dir Angst macht. Und dann beobachte, wie er für dich sorgt. Vielleicht durch eine Kleinigkeit oder auf unsichtbare Weise. Oder vielleicht auch durch etwas Großes und Gigantisches, wer weiß?

Gebet

Gott, danke, dass du auf so unterschiedliche Weise für mich sorgst – unsichtbar, durch Kleinigkeiten, aber auch durch große Dinge!

10

GOTTES VERSPRECHEN

Denn auf Gott können wir uns verlassen.
Er hält, was er versprochen hat.
Nach Hebräer 10,23

Kennst du die Geschichte von Josua und der Stadt Jericho? Wo erzählt wird, dass die Mauern der Stadt plötzlich einstürzten? Ganz bestimmt steht sie in deiner Kinderbibel. Jericho war eine mächtige Stadt. Rings um diese Stadt stand eine riesige, hohe Steinmauer. Josua, dem Anführer der Israeliten, war völlig klar: „Diese Mauer zu überwinden wird sehr schwer sein. Unsere Truppen werden sehr hart kämpfen müssen."

Aber Gott hatte schon einen Plan. Ehrlich gesagt, einen ziemlich seltsamen Plan. Doch da Josua schon erlebt hatte, dass Gott unvorstellbare Dinge tun konnte, vertraute er auf Gott. Josua war sich sicher: Gott tut immer das, was er verspricht. Darum befolgten die Israeliten Gottes Plan. Und so sah der Plan aus: Statt zu kämpfen, sollten die Israeliten einfach sechs Tage lang täglich um die Stadt Jericho herumlaufen. Und am siebten Tag sollten sie siebenmal um die Stadt herum marschieren. Die Priester des Volkes sollten dann ganz laut auf ihren Trompeten blasen und das Volk sollte so laut schreien wie es konnte. Und als sie das taten, stürzten die mächtigen

Mauern von Jericho tatsächlich krachend in sich zusammen! Gott hatte versprochen, seinem Volk diese Stadt zu geben, und genau das tat er.

Gott hält immer seine Versprechen – wirklich immer! Sogar wenn sie ein bisschen verrückt klingen. Wenn Gott etwas verspricht, dann tut er es auch. Denn Lügen ist für Gott unmöglich. Ein Felsen kann nicht schwimmen. Ein Nilpferd kann nicht fliegen. Ein Schmetterling kann keinen Teller Spaghetti essen. Man kann nicht auf einer Wolke schlafen und Gott kann nicht lügen. Niemals.

Wenn Gott etwas verspricht, dann tut er es. Darauf kannst du dich wirklich verlassen!

Jetzt bist du dran!

Noch eine Sache hatte Gott Josua versprochen. Und dieses Versprechen gibt er auch dir! Welches? Finde es heraus, indem du in der Bibel im Buch Josua, Kapitel 1, Vers 9 nachschlägst. Schreib es dir auf ein Erinnerungskärtchen!

11

GOTT IST STÄRKER ALS SEIN FEIND

Macht Gott zur Nummer eins in eurem Leben.
Tut, was er euch sagt. Dann muss Gottes Feind,
der Teufel, abhauen.
Frei nach Jakobus 4,7

Der Teufel ist wirklich ein fieser Typ. Immer führt er etwas Böses im Schilde. Er hat mehr Tricks auf Lager als ein Zauberer. Er baut gefährlichere Fallen als ein Jäger. Und im Lügen ist er ganz besonders gut. All diese Tricks, Fallen und Lügen benutzt er, um uns Menschen zu schaden. Er hofft, dass wir uns für das Falsche entscheiden anstatt für das Gute. Aber warum? Weil uns all das Falsche und Böse von Gott wegzieht!

Aber es gibt einen Weg, wie wir den Teufel vertreiben können: nämlich dadurch, dass wir uns an Gott wenden. Indem wir auf seine Worte hören. Und indem wir Gott loben und ihm sagen, dass er der König über unserem Leben ist.

Im Gebet bittest du Gott, für dich zu kämpfen. (Und es steht felsenfest, wer diesen Kampf gewinnen wird – Gott! Er gewinnt jeden einzelnen Kampf!) Sobald du anfängst, mit Gott zu reden, weiß der Teufel, dass Gott dir nun zu Hilfe eilt. In dem Moment bekommt er Angst und rennt weg.

Wenn du Gott lobst und ihm Lieder singst, tust du etwas, was der Teufel nicht ertragen kann. Du erzählst Gott nämlich, wie wunderbar und großartig er ist. Du lobst ihn, weil du genau weißt, dass er alle Macht hat und ihm alles möglich ist. Beim Gott-Loben dankst du ihm auch für all das Gute und Schöne in deinem Leben. Ob du deine Worte singst, laut rufst oder still in Gedanken sagst, ist egal. Wenn du Gott lobst, hält der Teufel sich sofort die Ohren zu.

Wenn du auf Gottes Worte in der Bibel hörst, beschäftigst du dich damit, was wahr ist. Dabei zerschneidest du die Lügen, die der Teufel verbreitet. Deshalb werden Gottes Worte auch als ein scharfes Schwert bezeichnet (Epheser 6,17). Die Bibel hilft dir zu erkennen, was wahr und richtig ist. Und sie zeigt dir, dass Gott dich liebt und beschützt, immer! Mit ihm an deiner Seite musst du keine Angst vor dem fiesen Typen, dem Teufel, haben.

Gebet, Gott loben und Gottes Worte der Bibel: Das sind drei mächtige „Schwerter“, die den gemeinen Typ in die Flucht jagen.

Jetzt bist du dran!

Gott ist stärker und mächtiger als der Teufel. Immer! Wie wär's, wenn du dir drei Schwerter aus Pappe bastelst? Beschrifte sie mit „Gebet“, „Gott loben“ und „Gottes Wort“.

12

DER GEHEIMTIPP: R.U.H.E.

Ihr werdet Gottes Frieden erfahren.
Dieser Frieden ist größer, als wir verstehen können!
Gottes Friede wird eure Herzen schützen
und eure Gedanken bewahren.
Nach Philipper 4,7

Wir Menschen haben so viele Sorgen und Nöte. Vielleicht geht es dir gerade auch so. Grübelst du darüber, ob deine Freunde wirklich deine Freunde sind? Machst du dir Sorgen, weil du die Matheaufgaben nicht verstehst? Oder weil jemand Liebes krank ist? Manchmal schleichen sich auch Dinge aus der Welt der Erwachsenen ein, die dir Angst machen.

All diese Sorgen fühlen sich manchmal an wie ein Rucksack voller Steine, den du schleppen musst. Ich kenne das auch! Möchtest du diesen Sorgen-Rucksack absetzen? Das funktioniert! Ich verrate dir gleich einen Trick: R.U.H.E.

Ich weiß, ich weiß. Einfach zu sagen „Sei ruhig!“ bringt dir nicht viel. Vor allem, wenn die Sorgen sehr groß sind. Deshalb besteht der Trick auch nicht darin, dass du ruhig sein sollst, sondern der Trick ist das, was *hinter* den Buchstaben R.U.H.E. steht:

* *R steht für: richtig feiern.* Feiern heißt: dankbar sein und sich an allem Guten freuen. Worüber kannst du dich freuen? Wenn du all die Gründe aufzählst, die Gott dir zum Freuen gibt, vergisst du schnell die Sorgen. In der Bibel steht noch ein guter Grund: „Freut euch zu jeder Zeit, denn ihr gehört zu Gott!“ (nach Philipper 4,4).

* *U steht für: um Hilfe bitten.* Bitte Gott um seine Hilfe. Mit anderen Worten: „Betet um alles. Sagt Gott, was ihr braucht“ (Vers 6).

* *H steht für: hinlegen.* Lege all deine Sorgen vor Gott hin. Wir brauchen uns um nichts zu sorgen, weil Gott alles im Griff hat. „Legt alle Sorgen vor Gott hin, denn er sorgt für euch!“ (siehe 1. Petrus 5,7).

* *E steht für: einfach Stoppschild hochhalten.* Manchmal wollen sich die Sorgen und Ängste wieder in unseren Kopf und unser Herz einschleichen. Wenn du das merkst, dann kannst du den Sorgen-Gedanken ein Stoppschild zeigen, indem du „Stopp!“ sagst. Sie werden dann schnell wieder abhauen.

Wenn du also richtig feierst, Gott um Hilfe bittest, ihm deine Sorgen hinlegst und immer wieder „Stopp!“ zu deinen Sorgen sagst, wendest du den R.U.H.E.-Trick an. Gott will dir immer helfen, deine Sorgen loszuwerden. Er möchte dir seinen Frieden schenken.

Jetzt bist du dran!

Mach eine Liste mit allen Sachen, die dich bedrücken. Schreibe dann eine zweite Liste. Notiere alle wunderbaren Geschenke von Gott, die dich umgeben. Welche Liste ist länger?

PS: Für deine Sorgen kannst du dir auch ein Stoppschild basteln!

13

ANDERE ERMUTIGEN

Macht einander Mut und helft euch gegenseitig weiter!
Nach 1. Thessalonicher 5,11

Timo ist traurig. Er steht allein auf dem Schulhof in einer Ecke. Viele Kinder rennen einfach an ihm vorbei und beachten ihn gar nicht. Ben sieht das. Erst zögert er, dann geht er zu Timo hin. „Was ist mit dir?", fragt Ben. „Du siehst traurig aus." Timo lächelt etwas schüchtern, und dann erzählt er, dass gestern seine Hündin Bella gestorben ist. Ben legt vorsichtig seinen Arm um Timos Schultern. „Ich weiß, wie sich das anfühlt, traurig zu sein. Letztes Jahr ist meine Oma gestorben. Das fand ich auch sehr blöd. Jetzt ist sie einfach weg und ich kann in den Ferien nicht mehr zu ihr fahren. Wenn du magst, kannst du heute Nachmittag gerne zum Spielen zu mir kommen." Ben guckt überrascht. „Gerne!" Er schnieft und man sieht, dass er sich über die Einladung total freut.

Manchmal ermutigt man andere, indem man freundliche Worte zu ihnen sagt. Oder auch ganz praktisch hilft, zum Beispiel, wenn man jemandem etwas gibt, was er nötig braucht. Manchmal ermutigt man einen anderen Menschen auch, indem man ihn zu einem Ort begleitet, an den er nicht gerne hingeht. Es gibt noch viel mehr

Möglichkeiten! Zum Beispiel kann man auch jemanden ermutigen, indem man mit ihm das Pausenbrot oder eine Mahlzeit zusammen isst – damit er (oder sie) nicht allein essen muss. Oder sich neben eine Person setzt und ihr zuhört, wenn sie ihre Geschichte erzählt. Manchmal bedeutet ermutigen auch einfach, bei dieser Person zu sein, nichts zu sagen, aber trotzdem zu zeigen, dass du an ihrer Seite bist.

Jetzt bist du dran!

Jemanden begleiten, dich dazusetzen, zuhören, umarmen – du kannst Menschen auch ermutigen, ohne ein Wort zu sagen. Wenn du gern bastelst, kannst du auch Ermutigungskärtchen machen, indem du freundliche Sachen draufmalst oder -schreibst. Zum Beispiel Mut-Worte aus der Bibel. Wer könnte sich über ein solches Kärtchen freuen?

14

GIB GOTTES LIEBE WEITER

Jesus sagt: „Ich gebe euch ein neues Gebot: Liebt einander. So wie ich euch geliebt habe, sollt auch ihr einander lieben.“
Johannes 13,34 (NL)

„Seid lieb. Hört auf zu streiten! Vertragt euch doch einfach!“ Wenn du einen Bruder oder eine Schwester hast – oder einen guten Freund, mit dem du viel Zeit verbringst –, hast du solche Sätze bestimmt schon von den Erwachsenen gehört. Mehr als einmal. Und falls es so ist wie bei meinem Bruder und mir früher, dann hast du solche Sätze bestimmt schon *sehr* oft gehört.

Gott möchte, dass wir uns vertragen. Aber er möchte noch mehr: Er will, dass wir die anderen Leute lieben! Nicht nur ein bisschen nett zu ihnen sein, sondern wir sollen sie so lieben, wie Gott uns liebt. Und zwar immer. Egal, was passiert.

Krass, oder? Wie soll das gehen?! Manche Menschen sind doch überhaupt nicht nett. Sie sind schlecht gelaunt oder egoistisch oder einfach nur gemein. Vielleicht fragst du dich, ob Gott eigentlich deinen Bruder oder deinen Nachbarn kennt. Wie kann er erwarten, dass du *so jemanden* liebst?

Die Antwort steht in dem Vers oben: weil Gott es uns

vorgemacht hat, wie man liebt. Gott liebt uns auch, wenn wir miese Laune haben, Fehler machen, bockig sind oder miefige, dreckige Klamotten anhaben. Gott liebt uns immer. Punkt. Ende der Ansage.

Wie sehr liebt Gott dich? Mehr als ein Bär den Honig, mehr als ein Fisch das Wasser, mehr als ich einen Eisbecher im Sommer liebe! Seine Liebe zu dir ist tiefer als der tiefste Ozean und höher als jeder Berg. Sogar größer als das ganze Universum! Gott liebt dich so wie seinen eigenen Sohn Jesus (Johannes 17,23). Und du gehörst zu seiner Familie (1. Johannes 3,1).

Gott hat so viel Liebe für dich! Sie reicht locker, um sie auch weiterzugeben. Versuch nicht bloß, dich mit den anderen zu vertragen – versuch, die Menschen um dich herum zu lieben!

Jetzt bist du dran!

Wie kannst du heute Gottes Liebe an andere weitergeben? Was könntest du tun oder sagen? Das muss nichts Riesengroßes sein!

15

GUTES VON GOTT

Gott ist so gut und voller Liebe!
Darum hat er euch an sein Herz gezogen
und euch gerettet. Das ist nicht euer eigener Verdienst,
sondern ein Geschenk von Gott.
Nach Epheser 2,8

Was ist die größte Sache, die du dir vorstellen kannst? Der Ozean? Die ganze Welt? Oder wie wär's mit dem Weltall? Wenn das, was du dir vorstellst, doppelt so groß wäre – dann wäre Gottes Liebe immer noch viel größer! Und wenn der Ozean oder das Weltall viermal oder tausendmal oder eine Million Mal größer wäre? Dann wäre Gottes Liebe immer noch viel, viel größer!

Gottes Liebe ist so riesig, gigantisch und unvorstellbar groß. Genau deshalb schenkt er uns Gnade. Du fragst jetzt bestimmt: *Was ist Gnade?*

Gnade bedeutet, gute Dinge von Gott zu bekommen, einfach so. Er sagt nicht: Erst musst du in der Schule besser werden oder artiger zu deinen Eltern sein oder nie mehr lügen – dann gebe ich dir Gutes. Nein! Wir Menschen können nichts dafür tun, dass Gott uns liebt und Gutes schenkt. Und wir können Gott niemals genug zurückschenken, um uns für all das Gute bei ihm zu bedanken. Trotzdem schenkt er es uns.

Aber was sind diese guten Dinge? Er vergibt uns immer unsere Fehler, wenn wir damit zu ihm kommen. Er schenkt uns einen Platz bei ihm im Himmel: Eines Tages werden wir dort für immer bei ihm wohnen. Er schenkt uns auch seinen Heiligen Geist: Durch ihn ist Gott immer ganz nah bei uns und hilft uns. Er schenkt uns alles, was wir zum Leben nötig haben. Und noch so viel mehr!

Warum können wir uns Gottes Gnade nicht verdienen? Weil wir immer wieder Fehler machen und Böses tun. Manchmal ist das Böse, dass wir jemanden hassen oder versuchen, ihn zu verletzen. Oder dass wir Gott nicht ernst nehmen. Andere Male machen wir Fehler, indem wir lügen oder nur an uns selbst denken. All unser böses Tun und Denken nennt man auch „Sünde". Das Problem ist: Gott kann nicht in der Nähe von Sünde sein. Deshalb trennen unsere Sünden uns von Gott. Aber es macht ihn traurig, denn er möchte uns so gerne nah bei sich haben! Darum bietet er uns seine Gnade an – sein unverdientes Geschenk. Damit wir wieder in seiner Nähe sein können.

Die Gnade ist Gottes Geschenk an dich. Es gibt jemanden, der es für dich gekauft und bezahlt hat: Jesus. Du brauchst das Geschenk nur anzunehmen, indem du „Ja!" sagst. Damit sagst du auch Ja zu Jesus. Jesus hat sehr, sehr viel für das Geschenk bezahlt, das mehr wert ist als tausend Millionen Euro: Er hat nämlich sein Leben für dich und mich geopfert.

Jetzt bist du dran!

Gott schenkt dir so viel Gutes – umsonst und einfach so. Wenn jemand anderes einen Fehler macht, mach es so wie Gott: Sei trotzdem nett zu der Person. Verzeih ihr. Tu ihr trotzdem Gutes. Auch wenn sie es nicht verdient hat. Denn genauso macht Gott es mit dir.

16

FÜR GOTT IST NICHTS UNMÖGLICH

Gott, durch deine große Macht
und auf deinen Befehl hin wurden Himmel
und Erde geschaffen. Dir ist nichts unmöglich!
Nach Jeremia 32,17

Die Midianiter waren Nomaden, die vor über 3.000 Jahren in der Wüste lebten. Dieses Volk war ziemlich mächtig und führte oft Krieg gegen andere. Sie futterten die Ernte der Israeliten auf, stahlen ihre Tiere und verwüsteten ihr Land. Israel brauchte Hilfe, und dazu hatte Gott Gideon ausgewählt.

Gideon war weder Soldat noch Krieger. Er war ein Bauer. Aber nachdem er ein paar Wunder erlebt hatte, willigte er ein, Israels Armee anzuführen. Gideon trommelte ein großes Heer von israelitischen Soldaten zusammen: über 32.000 Mann! Doch Gott sagte, das seien zu viele. „Sag ihnen: Alle, die Angst haben, dürfen nach Hause gehen!" Das war Gottes Anweisung. Und viele hatten Angst. Ungefähr 22.000 Männer gingen heim und nur 10.000 blieben.

Aber Gott fand, dass Gideon noch immer zu viele Soldaten hatte. Er sagte: „Führe sie hinunter ans Wasser. Dort sollen sie trinken. Wer das Wasser mit der Zunge aufleckt wie ein Hund, soll nach Hause gehen. Doch wer das Wasser mit der hohlen Hand zum Mund führt und dann ausschlürft, soll bleiben." Nur 300 Männer tranken aus der hohlen Hand. Alle anderen gingen heim. (Die Geschichte findest du in der Bibel im Buch Richter, Kapitel 7.)

Nur 300 Männer gegen Tausende Soldaten der Midianiter? Unmöglich! Nun ja, für Gideon war es wahrscheinlich unmöglich, und genauso unmöglich war es für die 300 Männer. Aber mit Gott an ihrer Seite gingen Gideon und sein kleines Heer als Sieger aus dieser Schlacht hervor!

Denkst du auch manchmal: *Das schaffe ich nicht, das ist unmöglich für mich!?* Dann denk dran: Du bist nicht allein. Nie. Was dir Sorgen macht, ist für Gott gar kein Problem. Keine Herausforderung ist ihm zu schwer. Keine Aufgabe ist für ihn zu groß. Ihm ist alles möglich. Selbst wenn wir uns schwach fühlen: Er ist stark! Bitte ihn einfach, dir zu helfen. Und warte dann ab, was er tut.

Jetzt bist du dran!

„Nichts ist unmöglich mit dir, Gott!" Kennst du das Lied? Hier kannst du es dir anhören und gleich mitmachen!

17

WER IST DEIN RIESE?

Der Herr, euer Gott, geht vor euch her.
Er wird für euch kämpfen!
5. Mose 1,30 (NL)

Nicht ohne Grund wurde Goliat als Riese bezeichnet. Er war groß. Richtig groß. In der Bibel steht, dass er ungefähr drei Meter groß war! Außerdem war er der beste Kämpfer der Philister. Die Philister waren Feinde von Israel.

Die Armee der Philister und die Armee der Israeliten standen sich bei einem großen Tal gegenüber. Jeden Morgen und jeden Abend trat Goliat aus dem Lager und rief den Israeliten zu: „Wählt einen Mann aus, der zu mir herunterkommt. Wenn es eurem Mann gelingt, mich zu töten, werden wir eure Sklaven sein. Wenn ich ihm aber überlegen bin und ihn töte, seid ihr unsere Sklaven und müsst uns dienen!“ (1. Samuel 17,8–9). Doch keiner von Israels Soldaten wollte gegen Goliat kämpfen. Vierzig Tage lang ging das so.

Dann kam der Hirtenjunge David vorbei, um seinen Brüdern in der Armee Essen zu bringen. Er hörte Goliats Herausforderung und beschloss, gegen den Riesen zu kämpfen. Seine Brüder dachten: *David macht sich über uns lustig.* Der König von Israel dachte: *Der kleine David ist verrückt.* Und Goliat hielt den Hirtenjungen für einen schlechten Witz.

Aber David wusste etwas, das seine Brüder, der König und Goliat nicht wussten. Nämlich, dass nicht David selbst den Kampf kämpfen würde. Sondern Gott. Gott selbst würde für ihn kämpfen! Also nahm David seine Steinschleuder und holte fünf glatte Kieselsteine aus einem Bach. Dann ging er los, um gegen Goliat anzutreten.

Goliat war beleidigt. Für wen hielt sich dieser Junge? Goliat hob sein Schwert und kam näher. David steckte einen Stein in seine Schleuder und schleuderte ihn in Richtung Goliat. Und der Stein traf den Riesen am Kopf! Sofort fiel Goliat zu Boden. Der Riese war tatsächlich tot! Da jagte die israelitische Armee die Philister in die Flucht und besiegte sie.

Wie war das möglich? Weil David darauf vertraute, dass Gott für ihn kämpft.

Hast du auch einen Riesen in deinem Leben, neben dem du so klein bist wie David neben Goliat? Ist dieser „Riese“ ein frecher Mitschüler, der dich ständig ärgert? Oder das Mädchen aus deiner Straße, das dich immer auslacht? Vielleicht ist dein Goliat auch gar kein *Jemand*. Sondern ein *Etwas*, ein Riesen-Problem. Zum Beispiel vor der ganzen Klasse sprechen oder etwas Neues beginnen. Wer oder was auch immer dein „Goliat“ ist, denk immer dran: Auch für dich wird Gott den Kampf übernehmen!

Jetzt bist du dran!

Hast du ein Problem, das so groß ist wie Goliat? Rede mit Gott darüber! Wenn du magst, hol dir ein paar große, flache Steine. Male oder schreibe etwas Passendes auf deine „Mut-Steine“, zum Beispiel „Mut“ oder „Gott ist stark“. Lass dir einfach was einfallen!

18

GEDANKEN-FLUGZEUGE

Alle unsere Gedanken unterstellen wir Jesus.
Ihm müssen sie gehorchen!
Nach 2. Korinther 10,5

Es gibt sehr viele Dinge, die wir uns nicht aussuchen können. Wir haben nicht die Macht zu entscheiden, ob es regnen wird. Oder wann es dunkel wird. Oder wie viel Salz im Ozean ist oder wie viele Sterne am Himmel sind.

Du kannst dir auch viele andere Dinge nicht aussuchen. Zum Beispiel, wo du wohnst, ob du Taschengeld bekommst, ob du in die Schule gehen willst oder nicht.

Egal, ob als Kind oder Erwachsener: In jedem Alter gibt es Dinge, die wir uns nicht aussuchen können. Doch eine sehr wichtige Sache kann jeder von uns frei entscheiden: *Welche Gedanken wir denken.*

Stell dir einen Flughafen vor. Hunderte Flugzeuge kreisen im Laufe des Tages über dem Flugplatz und wollen landen. Aber jedes Flugzeug kann nur landen, wenn es die Erlaubnis bekommt. Ohne diese Landeerlaubnis muss es wieder wegfliegen.

Nun stell dir vor, dein Gehirn ist wie ein Flughafen. Hunderte „Gedanken-Flugzeuge" kreisen über deinem Kopf und wollen landen. Zum Beispiel: *Welches T-Shirt soll ich anziehen?* Oder: *Was wohl das Ergebnis der*

Mathehausaufgabe ist? Es gibt auch richtig coole Gedankenflieger wie zum Beispiel: *Wie kann ich meinem Papa helfen?* Oder: *Hm, ich sollte mal wieder Oma und Opa anrufen.* Doch andere Gedanken sind eher nicht so toll oder sogar überhaupt nicht gut, wie etwa: *Milan ist so gemein und ich werde ihn morgen so richtig zurückärgern.* Oder: *Ich will den Film unbedingt gucken, auch wenn ich es nicht darf – ich mach das heimlich.*

Solche und viele andere Gedanken schwirren ständig in deinem Kopf herum. Aber du darfst entscheiden, welche von ihnen du landen lässt. Mit welchen „Gedanken-Fliegern" willst du dich beschäftigen? Achte darauf, dass die Gedanken, die du landen lässt, gute Gedanken sind. Entscheide dich für Sachen, die wahr, hilfreich und schön sind. Wenn ein schlechter Gedanke versucht zu landen – das wird ganz sicher passieren –, dann sorge dafür, dass er weiterfliegt.

Gebet

Gott, bitte beschütze meine Gedanken. Fülle mein Denken mit guten und wahren Dingen – beispielsweise damit: Ich bin von dir unendlich geliebt. Amen.

Vielleicht willst du dir gleich noch einen Papierflieger basteln? Hier geht's zur Anleitung.

19

GOTT SIEHT DAS HERZ

Der Mensch beurteilt alles danach,
was er mit seinen Augen sieht.
Doch Gott sieht tiefer: mitten ins Herz.
Nach 1. Samuel 16,7

Ein Schwalbennest ist ein Nest unterm Dachvorsprung. Was meinst du, was da drin ist? Eine Schwalbe natürlich! (Es sein denn, das Nest ist grad leer.) Und was erwartest du im Inneren eines Ameisenhaufens? Klar, Ameisen! Keine Koalabären, keine Affen und auch keine Nilpferde, die es sich da drin gemütlich machen.

Es gibt Dinge, denen man von außen ansieht, was drin ist. Doch beim Menschen ist das schwieriger. Die sind nicht wie Schwalbennester. Oder wie eine verpackte Tafel Schokolade. Da weiß man genau, was drin ist. Aber bei uns Menschen kann manchmal was ganz anderes drin sein, als man von außen vermutet. Manche Menschen sehen nett aus, sind aber innen drin fies. Andere sehen schwach aus, sind aber ziemlich stark. Das lernte auch der Prophet Samuel:

Gott schickte Samuel zu einem Mann namens Isai. Isai hatte viele Söhne, und Gott wollte einen von ihnen zum neuen König von Israel auswählen. Zuerst sah Samuel den ältesten Sohn Eliab an. Der war groß und sah gut aus, und Samuel fand, dass er wie ein König *aussah.* Doch Gott sagte: „Ich habe ihn nicht ausgewählt. Ich entscheide nicht nach den Maßstäben der Menschen! Ihr urteilt nach dem, was ihr seht, doch ich sehe direkt ins Herz" (siehe 1. Samuel 16,7).

Samuel sah sich nacheinander alle sieben Söhne von Isai an. Und bei jedem sagte Gott zu Samuel: Nein, der ist es nicht. „Sind das alle deine Söhne?", fragte Samuel Isai (Vers 11). Einen Sohn gab es noch. Isai ließ ihn holen, seinen Jüngsten: David. Der arbeitete gerade draußen auf dem Feld. Diesmal sagte Gott zu Samuel: „Ja, David ist es!" (Vers 12). David sah vielleicht nicht so groß, so stark oder so klug aus wie seine älteren Brüder. Aber Gott wusste, dass David ein gutes Herz hatte und Gott vertraute.

Wenn du jemanden kennenlernst, beurteile ihn nicht nach der Kleidung oder der Hautfarbe. Denk nicht gleich: *Die ist bestimmt eine Streberin.* Oder: *Der ist bestimmt richtig cool.* Gib dieser Person eine Chance. Lerne sie erst mal kennen. Finde heraus, wie sie denkt, was sie zum Lachen bringt, was sie mag – und was sie nicht mag. Entdecke, wie dieser Mensch innen drin ist. Das ist es, was wirklich zählt!

Gebet

Gott, hilf mir, mehr das Herz eines Menschen zu sehen und weniger auf das Äußere zu achten. Amen.

★ Achte heute mal darauf, wo du überall Herzen siehst!

20

GOTT HÖRT DIR ZU

Gott sagt: „Während sie mir noch ihre Bitten vortragen, will ich sie schon erhören!"
Jesaja 65,24 (NL)

Was passiert eigentlich, wenn du betest? Gott hört dir zu! Gott, der Schöpfer der ganzen Welt, hört dir genau zu, wenn du zu ihm sprichst. Er sagt nicht etwa: „Warte kurz" oder „Eine Sekunde, bitte" oder: „Jetzt hab ich aber keine Zeit".

Möchtest du einen Beweis dafür, dass Gott wirklich zuhört? Dann schau mal Elia aus der Bibel an. Elia war ein Prophet. Er lebte unter der Herrschaft eines sehr bösen Königs: dem König Ahab. Es war eine schlimme Zeit für die Menschen in Israel. Denn nicht nur die Anführer des Volkes taten böse Dinge. Noch schlimmer war: Sehr viele Menschen beteten einen erfundenen Gott an. Sie nannten ihn Baal.

Da kam Elia zu den Propheten, die den Gott Baal verehrten. Er forderte sie heraus: „Baut einen Altar aus Holz und Stein! Dann schlachtet einen Stier und legt ihn auf euren Altar", rief Elia. „Ruft dann den Namen eures Gottes an! Ich werde auch einen Stier opfern – für meinen Gott. Und den Namen meines Gottes anrufen. Der Gott, der mit Feuer antwortet, der ist der wahre Gott!" (1. Könige 18,24).

Die Baal-Propheten beteten den ganzen Nachmittag lang. Sie tanzten und schrien. Sie riefen immer lauter und liefen um den Altar herum. Aber nichts geschah. Schließlich sagte Elia: „Jetzt bin ich dran." Er ging zu dem Altar, den er für seinen Gott gebaut hatte. Den übergoss er noch mit Wasser – und zwar mit so viel, dass es an den Seiten herunterlief. Dann betete Elia. Und Gott hörte nicht nur zu, als Elia sprach. Nein, er antwortete sogar *sofort!* Feuer kam vom Himmel und verbrannte das Stier-Opfer, sogar die Steine! Als die Leute das sahen, fielen sie auf die Knie und beteten Gott an – den wahren und lebendigen Gott.

Wenn du betest, antwortet Gott vielleicht nicht immer sofort. Aber weil Gott wirklich gut ist, hört er dir immer zu. Er hört deine Gebete total gern. Und er möchte dir helfen. Einfach, weil du sein geliebtes Kind bist und du ihm wichtig bist!

Jetzt bist du dran!

Wie wäre es, wenn du deine Gebetsanliegen in ein kleines Notizbuch schreibst? Und dann in einer zweiten Spalte ergänzt, wann Gott darauf geantwortet hat – und wie er das gemacht hat?

21

HIMMLISCHE HELFER

Denn er hat seinen Engeln befohlen,
dass sie dich behüten
auf allen deinen Wegen.
Psalm 91,11 (LU)

Es ist schon sehr lange her – über 2.600 Jahre – da gab es in Babylonien einen König, der hieß Nebukadnezar. Er hatte eine riesige goldene Statue von sich selbst errichten lassen. König Nebukadnezar befahl allen, vor der Statue niederzuknien und sie anzubeten. Wer sich weigerte, sollte in einen Feuerofen geworfen werden.

Deshalb knieten alle nieder und beteten die Statue an. Nein – nicht alle! Drei Männer taten das nicht. Viele Jahre zuvor waren die drei aus ihrer Heimat Israel nach Babylon verschleppt worden. Trotzdem blieben sie ihrem Gott treu. Sie wollten nichts und niemanden anbeten außer ihren Gott.

Da wurde Nebukadnezar zornig. Er befahl seinen Dienern, den Ofen viel heißer als gewöhnlich einzuheizen. Dann ließ er die drei Männer fesseln und in den Ofen werfen. Aber als er dann in die Flammen schaute, sah er *vier* Männer im Ofen umherlaufen!

„Kommt heraus!“, rief der König erschrocken (Daniel 3,26).

Die drei Männer kamen aus dem Ofen. Sie hatten sich kein bisschen verbrannt! Sie rochen nicht einmal nach Rauch! Und was war mit dem vierten Mann? Der war plötzlich verschwunden. Es war ein Engel gewesen, den Gott geschickt hatte, um die drei Männer vor dem Feuer zu beschützen.

All das ist vor langer Zeit passiert. Aber ich bin mir absolut sicher, dass auch heute noch Engel kommen, um Gottes Kindern zu helfen.

Woher ich das weiß? Weil mir an einem Sonntag nach dem Gottesdienst etwas Krasses passiert ist. In dem Gottesdienst hatte ich die Predigt gehalten. Danach kam eine Frau auf mich zu, sie guckte ganz erstaunt und sagte: „Ich habe deinen Engel gesehen."

„Wirklich?", fragte ich verwundert. Ich hatte ihn nicht gesehen.

„Ja", antwortete sie. „Er stand neben dir, während du gepredigt hast."

Es stimmt wirklich! Auch heute noch kommen Engel. Sie sind Boten von Gott und helfen Gottes Kindern. Auch dir und mir!

Gebet

Danke, Gott, dass du deine Engel schickst, damit sie mich beschützen! Amen.

22

ERST KOMM ICH ... UND DANN ICH?

Alles, was gut und vollkommen ist,
wird uns von oben geschenkt, von Gott.
Jakobus 1,17 (NL)

Nebukadnezar war vor etwa 2.600 Jahren ein mächtiger König. Eines Tages ging er auf dem Dach seines Palastes spazieren. Er blickte umher und sah all die Häuser, Paläste und Gärten in der Stadt Babylon. Dabei sagte er zu sich: „Diese großartige Stadt habe ich als meinen Herrschaftssitz gebaut! Mit meiner gewaltigen Macht habe ich das fertiggebracht! Ich allein! Ich habe damit meiner Größe ein Denkmal gesetzt!" (siehe Daniel 4,27).

Fällt dir in diesen drei Sätzen das viele „ich" und „mein" auf? Nebukadnezar behauptete, der ganze Ruhm gehöre ihm. Mit keinem Wort dankte er Gott dafür.

Genau in diesem Moment rief eine Stimme vom Himmel: „König Nebukadnezar, hiermit wird dir die Herrschaft weggenommen! Du wirst aus der Gemeinschaft der Menschen ausgestoßen. Ab jetzt musst du unter den wilden Tieren leben. Du wirst Gras fressen wie ein Rind, sieben Jahre lang! Dann wirst du erkennen: Gott allein ist der Mächtigste auf der Erde. Er regiert über alle Menschen. Gott ist es, der einzelnen Menschen den Auftrag zum Regieren gibt. Und er kann diesen Auftrag geben, wem er will" (siehe Daniel 4,28–29).

Und tatsächlich lebte Nebukadnezar sieben Jahre lang wie ein Tier. Er aß Gras und schlief auf den Feldern. Als Gott ihm dann die Vernunft zurückschenkte, sah Nebukadnezar zum Himmel und lobte Gott.

Es ist verlockend, den Ruhm für sich selbst zu behalten: wenn wir einen Pokal gewinnen oder für eine tolle Leistung gelobt werden oder in der Mathearbeit eine Eins schreiben. Oder jemand sagt, dass wir ein schönes Gesicht haben. Doch alles Gute, was wir haben, ist immer ein Geschenk von Gott. Das dürfen wir nie vergessen! Gott allein gab dir die Fähigkeit zu denken. Er machte das Bein, mit dem du den Ball ins Tor schießen kannst. Und er machte dich rundherum wunderbar, sodass du Komplimente bekommst. Achte also darauf, nicht zu viel „ich" und „mein" zu sagen. Lobe stattdessen immer wieder Gott! Denn er verdient die allermeisten Komplimente und den ganzen Ruhm!

Jetzt bist du dran!

Alles Gute in deinem Leben ist ein Geschenk Gottes an dich. Vielleicht willst du heute mal bewusst Loblieder für Gott singen? Mit diesem Song kannst du anfangen und gleich richtig mittanzen!

23

GOTT WILL DICH GEBRAUCHEN

Da sagte Maria:
„Von ganzem Herzen lobe ich den Herrn.
Vor Begeisterung jubele ich
über Gott, meinen Retter."
Lukas 1,46–47 (ÜK)

Maria war nicht berühmt. Sie war nicht reich. Und Klassenbeste war sie auch nicht. Maria war einfach Maria. Sie war sehr jung. Und sie lebte in Nazareth, einem kleinen Dorf, das auch nicht gerade berühmt war.

Maria lebte vor mehr als 2.000 Jahren in Israel. Sie hatte nicht die beste Ausbildung, weil Mädchen damals kaum ausgebildet wurden. Weil Maria jung war, kamen die älteren Frauen immer zuerst dran. Und weil sie arm war, hielten sich die Reichen für etwas Besseres.

Warum hat Gott sie dann ausgewählt, die Mutter für seinen Sohn Jesus zu werden? Ich denke, Gott tat das, weil Maria ihm total vertraute.

Erinnerst du dich an die Weihnachtsgeschichte? Der Engel kam zu Maria und sagte: „Du wirst schwanger werden und Gottes Sohn zur Welt bringen!" Und was tat Maria? Sie sagte nicht: „Danke für die Anfrage, aber ich möchte lieber nicht." Auch nicht: „Bist du sicher, dass ich das richtige Mädchen dafür bin?" Und auch nicht: „Wäre

Laura nicht besser geeignet als ich?" Nein. Stattdessen sagte sie: „Ich bin eine Dienerin von Gott! Es soll genau so geschehen, wie du es gesagt hast!" (siehe Lukas 1,38).

Dann lobte Maria Gott. Sie freute sich so sehr darüber, dass Gott sie gebrauchen wollte. Und genau *darum* hatte Gott Maria ausgewählt.

Auch dich möchte Gott gebrauchen. Du brauchst nicht alles supergenial zu können. Du musst nicht bei allen Menschen beliebt sein. Du musst auch nicht der Klassenbeste sein, die Schönste oder die Schlaueste. Und du musst weder reich noch berühmt werden. In Wahrheit brauchst du gar nichts von alldem zu sein, was viele Leute wichtig finden. Du brauchst nur ein Herz, wie Maria es hatte – ein Herz, das gerne sagt: „Ich möchte Gott dienen! Alles soll in meinem Leben so passieren, wie Gott es gesagt hat."

Jetzt bist du dran!

Willst du ein mutiges Gebet sprechen? Hier ist es: „Gott, ich möchte dir gehören. Ich will dir dienen! Was kann ich heute für dich tun?"

24

WAS BEDEUTET DER NAME JESUS?

Ja, es ist wahr: Gott, der Vater, hat seinen Sohn als Retter auf die Erde geschickt.
Nach 1. Johannes 4,14

Weißt du, was dein Name bedeutet? Also mein Name, Max, kommt von *maximus* und bedeutet „der Größte". (Ich weiß nicht, warum meine Eltern mir den Namen gegeben haben, denn soo groß bin ich gar nicht!) Und hast du dich auch schon mal gefragt, was der Name „Jesus" bedeutet? Und warum Jesus genau diesen Namen bekommen hat?

Das war so: Josef, der Papa von Jesus, war mit Maria verlobt. Maria war inzwischen schwanger. Aber das Kind in Marias Bauch war nicht von Josef. Deshalb wollte er Maria verlassen. Da kam ein Engel Gottes im Traum zu Josef und sagte. „Zögere nicht, Maria zu heiraten, Josef. Denn das Kind, das sie erwartet, ist vom Heiligen Geist. Maria wird bald einen Sohn zur Welt bringen. Du sollst ihm den Namen Jesus geben. Denn er wird die Menschen von all ihrer Schuld befreien" (siehe Matthäus 1,20–21).

Der Engel zeigte Josef mit dem Namen *Jesus*, wer dieses Baby ist. Der Name bedeutet nämlich in der hebräischen Sprache so viel wie: „Gott rettet die Menschen von ihrer Schuld". Zu Josefs Zeiten hießen viele Menschen

Jesus beziehungsweise auf Hebräisch *Jeschua* oder *Jehoschua*. Josef wusste ganz sicher, was dieser Name bedeutet.

Also: *Jesus* bedeutet „Gott rettet". Und genau das war der Auftrag von Jesus. Dafür ist er auf diese Welt gekommen: um die Menschen zu retten. Wie hat er das gemacht? Indem er sein Leben für uns geopfert hat. Dadurch hat er die Last unserer Schuld auf sich genommen. Und die Last von allem Bösen, unter dem wir Menschen leiden. Jesus möchte, dass wir von aller Schuld und von allem Bösen frei werden. Also: Er will uns retten! Und nur er kann das tun.

Josef tat genau das, was der Engel gesagt hatte. Er und Maria nannten ihr Baby Jesus. Ist auch schon mal ein Engel im Traum zu dir gekommen? Ein Engel von Gott? Wenn das mal passiert, solltest du auf seine Botschaft hören – so, wie es Josef gemacht hat.

Jetzt bist du dran!

Die hebräische Schrift sieht ein bisschen aus wie eine Geheimschrift. Auf Hebräisch schreibt man Jesus – oder besser gesagt die hebräische Form **Jeschua** – so:

יֵשׁוּעַ

Vielleicht möchtest du dir so eine Geheimschrift-Karte basteln?

25

BEI GOTT GIBT'S KEINE ZUFÄLLE

Ja, davon sind wir felsenfest überzeugt:
Wer Gott liebt, für den wird aus allem,
was passiert, am Ende etwas Gutes.
Nach Römer 8,28

In der Geschichte von Jesus passierte nichts aus Zufall. Und auch im Leben der Eltern von Jesus geschah nichts zufällig. Warum wurde Jesus ausgerechnet in Bethlehem geboren? Tja, das war alles schon lange vorher von Gott geplant. Unglaublich, oder?

Mehrere Hundert Jahre vor der Geburt von Jesus sagten Propheten voraus: Der Sohn von Gott, der Retter der Welt, wird in Bethlehem geboren werden. Aber Maria und Josef lebten in Nazareth. Das war etwa 140 Kilometer von Bethlehem entfernt! Heutzutage könnten wir uns ins Auto setzen und diese Strecke in ungefähr zwei Stunden fahren. Doch vor über 2.000 Jahren brauchte man mehrere Tage, um so weit zu laufen. Maria und Josef hatten eigentlich keinen Grund, so eine lange Wanderung nach Bethlehem zu machen. Aber dann kam ein Befehl des Kaisers: „Alle Menschen müssen in ihre Heimatstadt gehen! Jeder muss sich dort in Steuerlisten eintragen lassen!“ Nun rate mal, was Josefs Heimatstadt war ... Genau, Bethlehem!

Jetzt mussten Josef und Maria Nazareth verlassen. Und Maria war gerade schwanger. Ausgerechnet jetzt mussten sie so eine schwere Reise machen. So wurde Jesus in Bethlehem geboren. Damit erfüllten sich die Worte der Propheten. Es war kein Zufall. Und so hatte Gott begonnen, seinen großen Rettungsplan in die Tat umzusetzen.

Gott benutzt alles, was in unserem Leben passiert – das Gute, das Schlechte und das Normale. Er benutzt es, um seinen Plan in die Tat umzusetzen – seinen Plan mit uns und den Plan mit dieser Welt. Sein Ziel dabei ist immer das Beste für uns! Gottes Wege sind immer wunderbar. Vielleicht sehen sie nicht immer wunderbar aus, aber am Ende wird es richtig gut! Niemand außer Gott kann sich so geniale Pläne ausdenken wie er. Und Gott kommt immer zu seinem Ziel!

Jetzt bist du dran!

Würdest auch du dir wünschen, Maria und Josef mal was fragen zu dürfen? Beispielsweise: *Wie war es eigentlich, mit einem Engel zu sprechen? Hat Jesus je etwas verschüttet oder Ärger bekommen? Was war sein Lieblingsessen?* Ihr könntet am Abendbrottisch doch mal gemeinsam Ideen für Fragen sammeln!

26

VERPASST DU JESUS?

Gott sagt: „Wenn ihr mich von ganzem Herzen sucht, werde ich mich von euch finden lassen."
Jeremia 29,13–14 (GN)

Maria und Josef hatten den langen Weg nach Bethlehem zurückgelegt. Tagelang waren sie gereist. Nun waren beide müde. Sie sehnten sich nach einem weichen Bett und einer warmen Mahlzeit. Vor allem Maria, denn die Geburt ihres Babys stand kurz bevor.

Aber als sie in dem kleinen Dorf ankamen, sagte der Gastwirt: „Alle Zimmer sind voll, tut mir leid!"

Schließlich fanden Maria und Josef doch noch einen Schlafplatz. Der war zwar bei den Tieren, aber dort war es warm und trocken. Genau da wurde Jesus dann geboren. Ihn störte es offenbar nicht, dass sein erstes Bett ziemlich ungewöhnlich war: Es war der Ort, wo die Tiere sonst ihr Heu fraßen.

Auch wenn die Geschichte von der Geburt des Babys Jesus sehr ungewöhnlich ist: Alles klappte so, wie Gott es geplant hatte. Du kennst die Weihnachtsgeschichte sicher gut. Aber hast du dir schon mal Gedanken über diesen Gastwirt gemacht? Ich schon. Ich wüsste gern: Haben die Engel auch den Mann geweckt, als der Engelchor „Gelobt sei Gott in der Höhe!" sang? Die Hirten auf dem Feld waren ja wach geworden von dem hellen Licht und den Engeln. Hat der Gastwirt eigentlich gemerkt, dass mitten in der Nacht ein paar zerlumpte Hirten an seinem Haus vorbeirannten? Und ich wüsste auch gern: Was hat der Gastwirt gedacht, als die Hirten wieder aufs Feld zurückliefen – und Gott lauthals lobten?

Ich frage mich, ob der Gastwirt jemals erfuhr, dass er Jesus verpasst hatte.

Auch heute verpassen wir Jesus oft. Wir haben zu viel zu tun und vergessen ihn. Oder wir denken: „Ich brauch ihn nicht. Ich kann auf mich selbst aufpassen." Zum Glück vergisst Jesus uns nicht, selbst wenn wir ihn vergessen! Und die Wahrheit ist: Wir alle brauchen Jesus. Ganz egal, wie erwachsen wir sind oder wie gut wir selbst auf uns aufpassen können.

Jesus ist immer bei uns. Er ist immer in unserem Leben drin. Wenn wir nach ihm Ausschau halten, ist es unmöglich, ihn zu verpassen!

Jetzt bist du dran!

Wir alle sind so vergesslich. Hast du Lust, dir eine Erinnerungskarte mit dem Bibelvers oben zu gestalten? Die Karte kannst du dann dort aufhängen, wo du oft vorbeikommst. Sie kann dich immer wieder an Jesus erinnern.

27

DEIN GESCHENK FÜR GOTT

Dir gehört alle Ehre und alles Lob, unser Herr und Gott! Denn du hast alle Dinge geschaffen.
Nach Offenbarung 4,11

Bei der Geburt eines Kindes bringen die Freunde oft Geschenke vorbei. Als Jesus in Bethlehem geboren wurde, gab es auch Geschenke für ihn. Die Hirten kamen vom Feld hergerannt – und schenkten Jesus ihren Glauben. Die Weisen kamen und schenkten ihm Gold, Weihrauch und Myrrhe. Und die Engel? Die sangen laut: „Ehre sei Gott im Himmel! Und alle Menschen, an denen Gott Gefallen hat, sollen Frieden haben!" (Lukas 2,14).

Die Engel beteten Jesus an. Sie schenkten ihm nur Loblieder! Maria hätte ein Bett gebrauchen können. Josef hätte wahrscheinlich gerne ein Butterbrot bekommen. Und das Jesuskind schlief in einer Futterkrippe. Warum brachten die Engel kein nützlicheres Geschenk? Immerhin sind sie ja Engel! Hatten sie keine bessere Idee?

Doch vielleicht hatten die Engel die meiste Ahnung. Schließlich war Jesus doch gerade erst vom Himmel gekommen. Die Engel hatten sehr viel Zeit mit ihm verbracht. Und genau darum wussten sie: Lobpreis und Anbetung sind die schönsten Geschenke, die wir Gott und Jesus machen können.

Aber was genau sind Lobpreis und Anbetung? Wenn wir Gott anbeten, sagen wir zu Gott: „Wir bekennen: Du allein bist Gott. Du bist der Mächtigste im ganzen Universum! Du kannst alles! Du hast alles in deiner Hand." Wenn wir Gott loben, danken wir ihm – für alles, was er in unserem Leben schon getan hat. Wir sagen ihm: „Wir vertrauen dir, Gott. Du sollst der Herr über unser Leben sein."

Gott loben und ihn anbeten – das kann man überall. Nicht nur in der Kirche. Auch auf dem Weg zur Schule. Oder wenn du dir die Zähne putzt. Du kannst ihn morgens beim Aufwachen loben oder kurz vorm Einschlafen. Mit Freunden und mit deiner Familie. Oder auch, wenn du mit Gott allein bist. Du kannst singen, jubeln, flüstern oder in Gedanken singen. Wichtig ist, dass du mit dem Herzen dabei bist.

Gott schenkt dir so viel. Und wir können ihm auch ein Geschenk machen: ihn loben und anbeten.

Jetzt bist du dran!

Lobe Gott! Mit deinen eigenen Worten. Mit einem Lied. Einem Gedicht. Einem Bild. Beim Tanzen ... Sag ihm, wie wunderbar er ist!

28

EIN BESONDERER STERN

Als die Sterndeuter den Stern sahen,
war ihre Freude groß.
Nach Matthäus 2,10

Die Sterndeuter – manchmal werden sie auch „die Heiligen Drei Könige" genannt. Oder „die Weisen aus dem Morgenland". Man geht davon aus, dass es drei Männer waren, weil sie drei Geschenke brachten: Gold, Weihrauch und Myrrhe. Doch in Wahrheit wissen wir nicht, wie viele Sterndeuter es waren.

Ehrlich gesagt wissen wir nicht viel über die Sterndeuter. Nur zwei Dinge: Sie waren gelehrt. Und sie kamen aus einem fernen Land. Die Männer hatten sich auf den Weg gemacht, weil sie einen besonderen Stern gesehen hatten. Sie waren sich sicher: Der Stern wird sie zu dem neugeborenen König der Juden führen. Sie hatten ihre Kamele beladen und ihre Reisesandalen angezogen. Viele Tage und Nächte folgten sie dem Stern – bis nach Jerusalem.

Dort gingen die Sterndeuter zum König Herodes. (Herodes war ein böser, gemeiner König, aber das wussten die Männer nicht.) Sie erklärten ihm, wen sie suchten. Da rief Herodes seine Gelehrten zu sich. Er fragte sie: „Was haben die Propheten über den Messias gesagt? Über den König, den Gott schicken will? Wo soll dieser neue König geboren werden?" Sie antworteten: „In den Schriften steht: in Bethlehem." Also schickte Herodes die Sterndeuter dorthin. „Wenn ihr das Kind gefunden habt", sagte er noch, „kommt zurück und berichtet mir. Ich will dann auch hingehen, um es anzubeten."

So reisten die Sterndeuter weiter nach Bethlehem. Dort fanden sie tatsächlich Jesus. Es stimmte also, was in der Heiligen Schrift vorhergesagt worden war. Die Sterndeuter beteten Jesus an. Dann überreichten sie ihm ihre Geschenke. Jedoch kehrten sie dann nicht zu Herodes zurück. Denn Gott hatte sie vor dem hinterhältigen König gewarnt.

Gott hatte einen hellen Stern gebraucht, um die Weisen zu Jesus zu führen. Auch heute spricht Gott durch seine Schöpfung zu uns: zum Beispiel durch einen wunderschönen Sonnenuntergang. Durch den riesigen Ozean. Sogar durch die kleinste Wildblume kann er zu uns sprechen. Alles in der Natur führt uns zu der Frage: Wer hat all diese unfassbar schönen Dinge geschaffen? Wenn wir dann in der Bibel suchen, finden wir die Antwort. Und damit finden wir immer auch Jesus.

Gebet

Gott, ich sehe mich um und schau alles an, was du geschaffen hast. Dabei erkenne ich: Du bist so super-genial! Ich kann nur noch staunen! Amen.

29

DIE HELDENTATEN VON JESUS

Obwohl Jesus ganz Gott war, hat er nicht an seiner göttlichen Macht festgehalten. Er verzichtete auf alles! Er wurde vom Herrscher im Himmel zu einem Diener. Jesus wurde als Mensch geboren.

Nach Philipper 2,6–7

Opfer ist ein großes Wort. Es beschreibt eine Heldentat. Denn *Opfer* bedeutet: „Ich verzichte auf eine Sache, die mir sehr wichtig ist, um einem anderen zu helfen." Was Jesus für uns getan hat, ist ein echtes Opfer.

Normalerweise denken wir beim Opfer, das Jesus gebracht hat, an das Kreuz, wo er für uns starb. Aber das war nicht sein einziges Opfer. Es gab noch mehr.

Jesus war Gottes einziger Sohn. Gott liebte seinen Sohn sehr. Und diese Liebe war größer als das ganze Weltall! Darum war es für Gott ein Opfer, seinen Sohn zu schicken – um uns zu retten.

Gleichzeitig war es für Jesus ein Opfer, zu uns auf die Erde zu kommen. Stell dir vor: Er verließ den Himmel, einen herrlichen Ort! Im Himmel gibt es keine Tränen. Doch bei uns gibt es viele Tränen. Im Himmel gibt es keine Krankheit. Aber auf der Erde gibt es überall Krankheit. Im Himmel gibt es keine Traurigkeit, überhaupt keine Sorgen oder Ängste.

Jesus wurde ein Mensch. Gleichzeitig blieb er Gott. Ich weiß, das ist wirklich schwer zu verstehen! Jesus ist Gott. Deshalb hat er alle Macht. Die ganze Erde war ja von ihm erschaffen worden. Er hatte im Himmel nicht bloß ein bisschen Macht – nein, er war unfassbar mächtig! Dann wurde er ein Baby. Die ganze Macht gab er auf, um als Baby geboren zu werden, das nicht einmal allein sitzen kann!

Anschließend lebte Jesus 33 Jahre lang auf dieser Erde – und erlebte Sünde, Traurigkeit und Krankheit. Du weißt ja: Im Himmel gibt es weder Sünde noch Traurigkeit noch Krankheit. Dort hatte Jesus nie befürchten müssen, krank zu werden oder einen Fehler zu machen.

Trotzdem entschied er sich dafür, ein Mensch zu werden. Deshalb war er auch müde, brauchte Schlaf, hatte Hunger und schlug sich mal das Knie auf.

Oft denken wir beim Opfer von Jesus nur an sein Sterben am Kreuz. Das war auch wirklich ein Opfer. Ein schreckliches Opfer! Aber das Opfer von Jesus begann schon in dem Moment, als er den Himmel verließ.

Jetzt bist du dran!

Hast du schon mal darüber nachgedacht, worauf Jesus alles verzichtete, um auf die Erde zu kommen? Um dich und mich von allem Bösen zu befreien? Liste all diese Sachen auf – mit Wörtern oder Bildern. Überlege anschließend: Worauf könntest du heute mal *für Jesus* verzichten?

30

AUFWACHSEN WIE JESUS

Jesus wurde älter und klüger.
Gott und die Menschen freuten sich an ihm.
Lukas 2,52 (ÜK)

Du weißt bestimmt: Großwerden ist nicht immer ganz leicht. Es gibt unglaublich viele Sachen, die man lernen und verstehen muss. Jedes Mal, wenn man etwas gelernt und verstanden hat, fühlt man sich toll. Aber es gibt gleich wieder etwas Neues zu lernen. *Hurra! Du hast Plusrechnen gelernt! Dann kommen jetzt Minus, Mal und Geteilt. Hurra! Du weißt, wie man „Schnecke" schreibt. Dann üben wir jetzt „Schnurrbart".*

Auch Jesus musste erwachsen werden. Er war zwar Gottes Sohn, aber du weißt ja, dass er als Baby auf die Erde kam. Er musste genau die gleichen Sachen lernen wie du. Lesen wir mal nach, was in der Bibel über die Kindheit von Jesus steht: „So wuchs Jesus heran und gewann an Weisheit. Gott liebte ihn, und alle, die ihn kannten, schätzten ihn sehr."

Wenn man heranwächst, muss man nicht bloß Rechnen und Schreiben lernen. Man muss auch nicht einfach nur größer und stärker werden, sondern auch vieles andere lernen, zum Beispiel: Wie man mit anderen Menschen auskommt. Wie man Richtiges und Falsches auseinanderhält. Wie man Jesus nachfolgt. Das sind Dinge, die Gott wirklich wichtig sind.

Vielleicht fragst du dich jetzt: *Wie soll ich das alles schaffen?* Also, manches geht von allein: Du musst nichts machen, um zu wachsen und stärker zu werden. Rechnen und Schreiben schaffst du sicher mit ein wenig Fleiß und Übung. Mit anderen auskommen und Jesus nachfolgen – bei diesen Dingen brauchst du mehr als Fleiß und Übung. Das weiß Jesus. Deshalb möchte er in allem dein Vorbild werden. Er will dir helfen. Und er will dir zeigen, wie du so lebst, dass es ihm gefällt.

Nimm dir Jesus zum Vorbild. Schau dir an, was er getan hat: Jesus betete zu seinem Vater im Himmel. Er las Gottes Wort. Er war freundlich und kümmerte sich um andere. Er half den Menschen und ging liebevoll mit ihnen um.

Das sind lauter Sachen, die auch du tun kannst. Und wenn du es tust, wirst du Jesus ein Stückchen ähnlicher.

Jetzt bist du dran!

Wer sind deine Vorbilder? Deine Helden? Warum willst du so sein wie sie? Darf Jesus dein Superheld werden? Was findest du toll an ihm?

31

KENNST DU ANDREAS?

Sofort lief Andreas zu seinem Bruder Simon und erzählte ihm: „Wir haben den Retter gefunden – es ist Jesus!" Dann nahm Andreas Simon mit zu Jesus.

Nach Johannes 1,41–42

Bestimmt hast du schon von Petrus gehört: Petrus war einer der zwölf Freunde von Jesus, die man auch „Jünger von Jesus" nennt. Petrus war immer ganz vorn mit dabei, wenn es darum ging, neue Abenteuer mit Jesus zu erleben. Petrus war mutig und stark. Er traute sich Sachen, vor denen die anderen Angst hatten. Er war fest entschlossen, der ganzen Welt von Jesus zu erzählen.
Andreas war der Bruder von Petrus, der auch Simon genannt wurde. Und Andreas war ganz anders als Petrus. Er war nie bei den Anführern dabei. Er war nicht so laut wie Petrus. Eher still. Aber still heißt nicht stumm! Es bedeutet nicht, dass Andreas nie gesprochen oder nie tolle Sachen mit Jesus erlebt hätte. Schauen wir uns mal an, was in der Bibel über Andreas steht:

* Als Jesus seine ersten Jünger aussuchte, blieb er bei einem Fischerboot stehen: dem Boot von Andreas und Petrus: Jesus rief ihnen zu: „Folgt mir nach!" (Matthäus 4,19). Und Andreas ließ sofort seine Netze fallen und

folgte Jesus. Er überlegte und grübelte nicht lange. Er ging einfach mit.

* Andreas brachte seinen Bruder Petrus zu Jesus. Und am Ende wurde Petrus ein großer Gemeindeleiter. Er predigte vor Tausenden von Menschen über Jesus. Petrus war für Jesus stark, mutig und laut. Doch ohne Andreas wäre Petrus Jesus vielleicht nie begegnet!
* Andreas half einem kleinen Jungen dabei, sein mitgebrachtes Essen an Jesus zu geben. Mit genau diesem Essen machte Jesus dann viele Tausend Menschen satt. (Die Geschichte steht in Matthäus 14.)

Ich bin mir ziemlich sicher, dass Andreas noch viele, viele weitere Dinge für und mit Jesus tat. Bloß wissen wir sie nicht. Aber Jesus weiß sie – und nur das zählt!

Vielleicht bist du ja stark, sehr mutig und eher laut. Vielleicht willst du wie Petrus der ganzen Welt von Jesus erzählen. Oder bist du ein bisschen wie Andreas? Gehörst du eher zu den stillen Menschen? Beides ist gut und wertvoll! Man kann mit Jesus tolle Abenteuer erleben – egal, ob man eher still oder eher laut ist. Jesus sieht, was du tust. Und er liebt dich, so wie du bist!

Jetzt bist du dran!

Die Andreas-Aufgabe: Hilf oder überrasche heute jemanden, ohne dass derjenige es merkt!
Die Petrus-Aufgabe: Trau dich, heute etwas zu tun, wofür du Mut brauchst!

32

VON GROLLTROLLEN UND DONNERSÖHNEN

Zahlt niemals Unrecht mit neuem Unrecht heim. Verhaltet euch gegenüber allen Menschen vorbildlich.

Nach Römer 12,17

Hast du einen Spitznamen? Viele Menschen haben einen. Spitznamen verraten uns etwas über die Person. Beispielsweise: „Kichererbse" lacht bestimmt viel. „Prof" ist wahrscheinlich ziemlich schlau. Auch Haustiere können Spitznamen haben: „Fellwolke" hat bestimmt besonders dickes und langes Fell.

Was würdest du also von zwei Kerlen denken, die mit Spitznamen „Donnersöhne" heißen? Du würdest erwarten, dass sie richtig lebhaft sind, oder? Das waren sie auch! Sie waren wie ein heftiges, lautes Gewitter. Wer waren diese Donnersöhne? Jakobus und Johannes. Genau! Sie gehörten auch zu den engsten Freunden von Jesus. Den Spitznamen „Donnersöhne" gab ihnen sogar Jesus selbst (Markus 3,17).

Ein bisschen zu oft ging die Wut mit Jakobus und Johannes durch. Einmal wollte Jesus zum Beispiel in einem Dorf übernachten, das in Samarien lag. Doch weil Jesus Jude war, wollte keiner im Dorf ihn aufnehmen. Als Jakobus und Johannes das hörten, wurden sie wütend.

Sie sagten zu Jesus: „Herr, sollen wir Feuer vom Himmel regnen lassen und sie verbrennen?" (Lukas 9,54).

Huch?! Das war ja eine heftige, donnernde Antwort! Doch Jesus war nicht böse auf die Dorfbewohner. Er war ja nicht gekommen, um Menschen zu vernichten, sondern um sie zu retten! Deshalb schimpfte Jesus mit Jakobus und Johannes.

Aber bevor du jetzt schlecht über Jakobus und Johannes denkst, eine Frage: Wie oft hast du schon ähnlich reagiert? Nun ja, vielleicht hast du nicht gesagt: „Feuer soll auf meinen fiesen Mitschüler regnen!" Aber vielleicht hast du mit feurigen Worten geschossen. Deine Wut richtig an anderen ausgelassen. Oder du hast versucht, dich an jemandem zu rächen, der dich verletzt hat. Aber genau das möchte Jesus *nicht* von uns!

Vielmehr wünscht Jesus sich, dass wir Folgendes tun: „Schießt nicht mit bösen Worten und schlagt nicht mit den Fäusten" (Matthäus 5,39). „Anstatt mehr Böses zu tun, verschenkt mehr Freundlichkeit" (Römer 12,17). „Betet für eure Feinde, anstatt ihnen Böses zu wünschen" (Römer 12,14).

Hast du einen Spitznamen? Hoffentlich nicht „Rumpelstilzchen" oder „Grolltroll". Jesus möchte dir helfen, gut mit deiner Wut umzugehen!

Gebet

Gott, es ist nicht leicht, auf Böses oder Nerviges freundlich zu reagieren. Bitte hilf mir, gut mit der Wut in meinem Bauch umzugehen. Hilf mir, richtig zu reagieren. Danke, dass du mich dabei unterstützt! Amen.

33

ECKIGE KLÖTZE

Nehmt einander an,
wie Jesus euch angenommen hat.
Denn dadurch wird Gott geehrt.
Römer 15,7 (NL)

Hattest du als Kleinkind auch so ein Spielzeug, bei dem man Klötze mit unterschiedlichen Formen in die passenden Löcher stecken muss? Weißt du noch, was passiert, wenn man den würfelförmigen Klotz in das runde Loch stecken will? Er passt da einfach nicht durch. Stimmt's? Die vier Ecken lassen sich nicht durch das runde Loch quetschen.

Manche Leute ähneln solchen eckigen Klötzen. Sie haben harte Kanten und ecken überall an. Irgendwie passen sie nicht so recht zu allen anderen Leuten.

Matthäus – der auch Levi genannt wurde – war so ein eckiger Klotz. Die Römer mochten ihn nicht, weil er ein Jude war. Aber die Juden mochten ihn auch nicht, weil er Steuern für die Römer eintrieb. Nirgendwo passte Matthäus hinein. Zumindest bis Jesus auftauchte. Eines Tages sah Jesus den Steuereintreiber Matthäus in seinem Zollhäuschen sitzen. Jesus sagte: „Komm, folge mir nach!" (Lukas 5,27). Da sprang Matthäus sofort auf und folgte Jesus nach. Er wurde einer der zwölf Jünger von Jesus.

Später schrieb er ein Buch, in dem er alles berichtete, was er mit Jesus erlebt hatte: das Matthäus-Evangelium.

Kennst du auch so einen Menschen, der wie Matthäus ist? Einen eckigen Klotz, der einfach nirgends richtig reinpasst? Vielleicht ist das jemand, der dich und andere ständig nervt. Vielleicht ist es der Nachbar, dessen Hund dauernd deine Katze jagt. Oder deine Schwester, die immer andere Musik hören will als du. Oder ein Mitschüler, der einfach nicht in die Klasse passt und mit dem keiner richtig klarkommt.

Was sollen wir mit solchen Leuten machen? Sie annehmen und ihnen unsere Freundschaft anbieten. Denn genau das hat auch Jesus getan.

Jetzt bist du dran!

Wer ist ein eckiger Klotz für dich? Nimm dir vor, jeden Tag für diesen Menschen zu beten. Frag Jesus, wie du mit der Person umgehen kannst, und bitte ihn, dir dabei zu helfen. Vielleicht kannst du sie oder ihn sogar mal zu dir einladen ...

34

UNGLAUBLICH WICHTIGE DINGE

Gott ist meine Rettung. Ich vertraue ihm
und habe keine Angst.
Jesaja 12,2 (NL)

Es gibt ein paar Sachen, die du unbedingt fürs Leben wissen musst. Beispielsweise: Vor dem Überqueren einer Straße muss man in beide Richtungen schauen. Oder: Die Nummer, die man in einem Notfall anrufen muss, lautet 112. Oder: Man muss aufhören, einen Luftballon aufzublasen, wenn seine Farbe langsam durchsichtig wird – sonst platzt er.

Also ich finde, solche Sachen muss man einfach wissen! Natürlich gibt es noch viel mehr, was man wissen sollte. Aber das Allerwichtigste sind Sachen, die Gott uns sagt. Die sind sogar noch wichtiger, als einen Luftballon richtig aufzublasen. Zum Beispiel: *Gott lässt dich niemals im Stich. Er ist immer für dich da und hilft dir.* Und: *Du bist stärker als du denkst, weil Gott dir näher ist, als du denkst.*

Hier sind noch ein paar Dinge von Gott, die wir unbedingt wissen sollten:

* Er weiß, wann du dich hinsetzt, wann du aufstehst, wann du auf einen Baum kletterst und wann du mit deinem Kaugummi Blasen machst (Psalm 139,2).

* Er weiß genau, wie viele Haare du auf deinem Kopf hast – und wie viele abgefallen sind, als du dir mit zwei Jahren selbst die Haare geschnitten hast (Matthäus 10,29–31).
* Er liebt dich genauso, wie er seinen Sohn Jesus liebt (1. Johannes 3,1).
* Noch bevor du geboren wurdest, wusste er bereits alles über dich (Jeremia 1,4–5).
* Er kümmert sich um dich (Matthäus 6,31–33).
* Er liebt dich einmal quer durchs Weltall und wieder zurück (1. Johannes 3,1).

Krass, oder? Das sind unglaublich wichtige Dinge! Also, ich bin froh, das alles zu wissen. Du auch?

Jetzt bist du dran!

Stell dir vor, du erzählst jemandem von Jesus – jemandem, der noch gar nichts über Jesus und Gott weiß. Was müsste derjenige unbedingt hören?

35

VERTRAUE GOTT

Wir dürfen darauf vertrauen: Gott erhört uns,
wenn wir ihn um etwas bitten,
das mit seinem Willen übereinstimmt.

Nach 1. Johannes 5,14

Dein Gebet ist Gott wichtig. Weil du ihm total wichtig bist! Wenn du Gott im Gebet um Hilfe bittest, passieren wirklich gute Dinge. Kennst du die Geschichte von dem Soldaten und seinem Diener?

Jesus war gerade in der Stadt Kapernaum angekommen. Da kam ein Soldat auf ihn zu. Der war kein normaler Soldat, sondern ein Offizier – ein wichtiger Chef in der Armee, der für viele andere Soldaten die Verantwortung hat. Der Offizier flehte Jesus an, seinen Diener zu heilen. Denn der Diener hatte so starke Schmerzen, dass er nicht mehr aus dem Bett aufstehen konnte. Jesus antwortete: „Ich werde kommen und ihn heilen!" (Matthäus 8,7).

Doch der Offizier erwiderte: „Ach Herr, ich bin es nicht wert, dass du in mein Haus kommst. Sprich nur einfach ein Wort, und mein Diener wird gesund!" (Vers 8). Der Offizier gehörte zur römischen Armee. Die Römer herrschten damals in Israel. Deshalb waren Juden und Römer Feinde. Aber der römische Offizier wagte es, Jesus – einen Juden – um Hilfe zu bitten. So sehr liebte er seinen Diener!

Außerdem war dem Offizier klar: Er brauchte Jesus einfach nur etwas zu sagen, dann würde Jesus das auch tun. Denn auch seinen vielen Soldaten sagte der Offizier ständig etwas – und das taten sie dann sofort. Der Offizier erklärte Jesus: „Ich brauche nur zu sagen: ‚Geht', und sie gehen, oder ‚Kommt', und sie kommen. Und wenn ich zu meinem Diener sage: ‚Tu dies oder tu das', dann tut er es" (Vers 9).

Jesus war beeindruckt von dem Glauben des Offiziers. „Geh wieder nach Hause", sagte er. „Was du geglaubt hast, ist eingetroffen" (Vers 13). Und im selben Augenblick war der Diener wieder gesund.

Wenn du Hilfe brauchst, geh zu dem, der dir helfen kann. Geh zu dem, der *alles* kann. Sei nicht schüchtern. Warte nicht lange. Hab Vertrauen – und wende dich an Gott. Er hört dir gerne zu und hilft dir gern! Du darfst jederzeit mit ihm reden. Immer und überall und über alle Themen.

Jetzt bist du dran!

Was möchtest du mit Gott heute besprechen? Wo brauchst du seine Hilfe?

Sing und tanz mit, damit du nie vergisst: „Du bist immer für uns da – super, super da!"

36

MEHR ALS EIN KLEINES LUNCHPAKET

Vergesst nicht, Gutes zu tun und
mit den anderen zu teilen,
denn darüber freut sich Gott.
Hebräer 13,16 (NL)

Tausende Menschen drängten sich auf einen Hügel, um Jesus zuzuhören. Stundenlang saßen sie da, hörten zu und lernten Neues über Gott. Doch es wurde immer später. Die Leute wurden hungrig. Es gab keine Stadt in der Nähe. Kein Kiosk und keine Dönerbude, wo man sich schnell Pommes, einen Burger oder Döner hätte holen können. Stell dir vor: Burger, Pommes und Döner waren noch gar nicht erfunden worden!

Vielleicht waren die Jünger deshalb so schockiert, als Jesus sie fragte: „Wo können wir so viel Brot kaufen, dass all diese Menschen zu essen bekommen?" (Johannes 6,5).

„Brot kaufen? Für all diese Menschen? Unmöglich!", antworteten die Jünger von Jesus. Hatte Jesus nicht gesehen, wie viele Leute da waren? Es waren mindestens 5.000 Männer, dazu noch viele, viele Frauen und Kinder.

Da kam Andreas mit einem kleinen Jungen zu Jesus. Der Junge hatte ein Lunchpaket dabei. Es war nicht viel.

Nur zwei kleine Fische und fünf kleine Brote. Nicht annähernd genug, um diese riesige Menschenmenge satt zu kriegen! Trotzdem nahm Jesus die Brote und Fische und dankte Gott dafür. Dann gab er alles den Jüngern. Und die Jünger begannen, das Essen an die Menschen zu verteilen. Und das Geniale war: Es reichte für alle! Am Ende blieb sogar noch etwas übrig!

Nur Jesus kann mit einem kleinen Lunchpaket Tausende Menschen satt machen! Aber sehen wir uns mal an, womit dieses Wunder begann: Alles begann mit einem kleinen Jungen. Der war wahrscheinlich ungefähr so alt wie du. Das Wunder begann damit, dass der Junge bereit war, sein mitgebrachtes Essen zu teilen.

Vielleicht denkst du manchmal: *Ich bin doch nur ein Kind. Ich hab nicht viel zum Verteilen.* Das ist nicht schlimm. Teile einfach das, was du hast. Denn Jesus kann aus einer kleinen Sache etwas Riesiges machen! Spende ein paar Münzen an eine Hilfsorganisation. Biete einem Obdachlosen deinen Müsliriegel an. Teile dein Pausenbrot mit jemandem, der seins vergessen hat. Schenke jemandem ein Lächeln. Sprich ein Gebet für jemanden, der Hilfe braucht.

Das Wunder steckt nämlich nicht in dir selbst. Es liegt auch nicht in der Sache, die du gibst. Sondern das Wunder steckt in Jesus. Mit dem Lunchpaket eines Kindes kann Jesus Tausende satt machen. Und aus dem, was du zu geben hast, kann er auch ganz, ganz viel machen!

Jetzt bist du dran!

Gott kann aus kleinen Dingen etwas riesig Großes machen! Schau dir mal einen Apfelkern an. Daraus kann eines Tages ein großer Apfelbaum werden! Hast du schon mal erlebt, wie aus wenigem am Ende viel geworden ist – oder aus etwas Kleinem etwas Großes?

37

HILFE IST SCHON UNTERWEGS!

Jesus sagte: „Ich versichere euch:
Ich bin bei euch, immer und überall.
Nach Matthäus 28,20

Der Tag war lang und superanstrengend gewesen. Die Jünger von Jesus hatten Fisch und Brot verteilt und dabei erlebt, wie von wenig Essen sehr viele Menschen satt wurden. Jetzt war es dunkel und Jesus war allein auf einen Berg gegangen.

Die Jünger kletterten in ihr Boot und machten sich auf den Rückweg. Müde ruderten sie über den See Gennesaret. Sie hatten es gerade bis zur Mitte des Sees geschafft, da kam plötzlich ein Sturm auf. Der Wind heulte und pfiff ihnen um die Ohren. Die Wellen tosten und schlugen über den Rand ihres Bootes. Es war stockfinster. Kein Land war in Sicht. Sosehr die Jünger auch ruderten: Sie hatten keine Chance, das Ufer zu erreichen. Langsam verließ sie der Mut.

Da rief einer von ihnen: „Seht da!" Irgendwas bewegte sich dort in der Dunkelheit. Nein, nicht *etwas*, sondern *jemand!* Eine *Person* war dort und lief auf dem Wasser! Aber so was geht doch gar nicht! Jetzt hatten die Jünger schreckliche Angst. Doch die Person rief: „Ich bin es! Habt keine Angst" (Johannes 6,20). Es war Jesus!

Würdest du auch gern wissen, warum Jesus plötzlich auf dem Wasser laufen konnte? Ob Jesus bis zu den Knöcheln im Wasser watete oder nur seine Fußsohlen nass wurden? Aber in der Geschichte steht bloß: „Sie sahen plötzlich Jesus übers Wasser auf ihr Boot zukommen" (Vers 19). Und das reichte den Jüngern. Denn als sie Jesus erkannten, taten sie Folgendes: Sie nahmen ihn in ihr Boot auf. Was dann passierte? Der Sturm legte sich. Und das Boot erreichte sicher das Ufer – es kam genau dort an, wo die Jünger hinwollten.

Wenn du große Sorgen hast oder die Angst-Wellen größer werden als dein „Boot", dann fragst du dich vielleicht, wo Jesus ist. Das ist die Antwort: Jesus ist bereits unterwegs, um dir zu helfen! Hab keine Angst. Nimm ihn einfach in dein Boot auf. Er setzt sich zu dir. Mitten im Sturm ist er an deiner Seite. Und dann wird er den Sturm beruhigen.

Jetzt bist du dran!

Bastle dir als Erinnerung ein Boot: Klebe drei Korken längsseitig zusammen und fixiere sie zusätzlich mit zwei Gummibändern. Klebe ein Papier-Dreieck als Segel an einen Zahnstocher und stecke ihn dann in den mittleren Korken. Lass dir unten in den mittleren Korken noch eine Schraube reindrehen. Jetzt kannst du in See stechen!

38

DER GENIALE ERFINDER

Wie groß ist Gott! Ihm gehört das Lob!
Seine Größe ist unerforschlich!
Psalm 145,3 (NL)

Du bist großartig. Du bist fantastisch. Ja, wirklich! Sogar in der Bibel steht: Du bist „wunderbar und einzigartig gemacht“ (Psalm 139,14; Hfa). Auch deine Oma sagt das, also muss es stimmen.

Es tut gut, das zu wissen. Du bist großartig, wunderbar und einzigartig. Und du kannst wundervolle Dinge, vielleicht singen, tanzen, basteln, heimwerken, malen, rennen, dir neue Sachen ausdenken ... Aber es gibt ein paar Dinge, die du nicht kannst – weil du nicht Gott bist. Hier ein kleiner Witz, der das deutlich macht:

Ein stolzer Mann war überzeugt, genauso klug zu sein wie Gott. Er meinte, alles zu können, was Gott kann. Der Mann blickte zum Himmel und sagte: „Hey, Gott! Ich kann alles, was du kannst. Ich kann aus Erde einen Menschen machen. Denn ich weiß genau, wie alle Knochen, Zellen und Nerven funktionieren. Also kann ich auch Leben erschaffen!“

„Gut“, antwortete Gott. „Dann zeig mal, was du kannst.“

Der Mann rieb sich aufgeregt die Hände. Dann bückte er sich, nahm eine Handvoll Erde und begann, daraus einen Menschen zu formen. Doch bevor er weitermachen konnte, unterbrach Gott ihn. „Stopp! Ich dachte, du könntest alles, was ich kann."

„Kann ich auch", gab der Mann zurück.

„Na dann", sagte Gott zu ihm, „hol dir deine eigene Erde. Das hier ist meine."

Echt lustig, oder? Und auch sehr wahr. Oder kannst du etwa Erde erschaffen? Ich finde, ich kann so einige Sachen herstellen. Manche sogar richtig gut. Aber richtige Erde kann ich nicht machen. (Und Menschen auch nicht.) Das kann nur Gott. Alles, was du draußen in der Natur siehst, hat Gott gemacht. Kein Mensch kann Samen herstellen, aus denen Bäume oder Blumen wachsen. Oder neue Tiere erfinden – höchstens in der Fantasie können wir das. Gott ist der größte Erfinder aller Zeiten. Er kann die genialsten und großartigsten Sachen machen, die kein Mensch jemals hinbekommt.

Jetzt bist du dran!

Geh raus – in den Wald oder auf eine Wiese oder in euren Garten. Schau mal, was du dort alles entdecken kannst! Wie viele Tiere kannst du finden oder hören? Siehst du eine winzig kleine Pflanze? Wonach riecht es draußen?

39

JESUS, DER AUGENÖFFNER

Wenn ihr beschimpft werdet,
weil ihr zu Jesus gehört – Glückwunsch!
Denn daran wird sichtbar:
Gottes Geist lebt in euch.
Nach 1. Petrus 4,14

Eines Tages trafen Jesus und seine Jünger einen Mann, der blind auf die Welt gekommen war. Was tat Jesus? Er spuckte auf den Boden und rührte ein wenig Schlamm an. Dann strich er den Schlamm auf die Augen des Blinden – das hatte der Mann bestimmt nicht erwartet! Nun sagte Jesus: „Geh und wasch dich im Teich Siloah" (Johannes 9,7). Der Mann gehorchte und konnte plötzlich wieder sehen! Zum ersten Mal in seinem ganzen Leben sah er Farben, Häuser und Bäume!

Es gab es nur ein Problem: Jesus hatte den Mann am Sabbat gesund gemacht – also am Ruhetag, wo man nicht arbeiten durfte. Für Jesus war das kein Problem. Aber es war ein mächtiges Problem für die religiösen Anführer. Aus ihrer Sicht war das ein furchtbarer Fehler. Sie löcherten den geheilten Mann mit Fragen: „Wer war das, der dich da geheilt hat? Wie hat er das gemacht? Warst du tatsächlich blind?" Der Mann wusste jedoch nicht, was diese Männer von ihm wollten. Er wusste nur eines: „Ich war blind, und jetzt kann ich sehen!“ (Vers 25).

Je mehr die religiösen Anführer den Mann ausfragten, desto wütender wurden sie. Schließlich jagten sie ihn weg. Kurz darauf erfuhr Jesus, was passiert war. Sofort ging er zu dem geheilten Mann hin. Und Jesus half dem Mann, etwas Wunderbares zu erkennen – das war noch viel wunderbarer, als den Himmel oder die Bäume zu sehen! Der Mann erkannte, dass sein Augen-Heiler auch der Retter ist! Er fiel vor Jesus auf die Knie und sagte: „Dir allein will ich gehören!“ (Vers 38).

Der Mann, der blind gewesen war, hatte zwei Wunder erlebt: Seine Augen konnten plötzlich wieder sehen. Und: Er hatte erkannt, wer Jesus war: sein Retter und Helfer. Er wollte von jetzt an mit Jesus leben.

Auch du kannst zu Jesus sagen: „Zu dir möchte ich gehören!“ Was passiert dann? Du fängst an, dich zu verändern. Du versuchst so zu leben, wie Jesus es möchte. Andere Menschen verstehen das nicht immer. Vielleicht lachen sie oder machen sich über dich lustig. Lass dich davon nicht verunsichern – hör nicht auf, mit Jesus zu leben. Jesus ist an deiner Seite. Er möchte dich trösten und ermutigen. Er möchte dir zeigen, wie du weiterhin mit ihm leben kannst.

Gebet

Gott, bitte öffne mir die Augen meines Herzens. Hilf mir zu erkennen, wer du bist: mein Freund und mein Helfer. Lass mich auch erkennen, wo du in meinem Leben wirkst. Amen.

40

FÜNF STARKE FREUNDE

Betet für alle Menschen. Bringt eure Bitten, Wünsche, eure Anliegen und euren Dank für sie vor Gott.
1. Timotheus 2,1 (Hfa)

Aufregung im Fischerdorf Kafarnaum: Jesus war gekommen! Alle liefen herbei, um ihn zu sehen. Doch Ben (ich nenn ihn hier mal so) konnte nicht laufen. Er war gelähmt. Seinen vier Freunden war klar: Jesus ist der Einzige, der Ben helfen kann.

Sie nahmen die Matte, auf der Ben lag. Jeder fasste an einer Ecke an. Und so schnell sie konnten, liefen sie zu dem Haus, in dem Jesus war. Doch das Haus war rappelvoll. Sie konnten sich beim besten Willen nicht durchzwängen! Was nun? Da hatte einer von ihnen eine Idee: Wir klettern aufs Dach! Also trugen sie Ben hinauf auf das flache Hausdach. Dort fingen sie an, ein Loch zu machen – genau über der Stelle, wo Jesus stand. Das war nicht einfach. Stück für Stück hackten sie den harten Lehm weg. Endlich war das Loch groß genug, um Ben durchzuschieben.

Vorsichtig ließen die vier Freunde Ben an Seilen durch das Dach hinunter – bis zum Boden. Die Matte landete direkt vor den Füßen von Jesus. Jesus sah den großen Glauben der Freunde. Er sah, dass sie ihm vertrauten.

Deshalb sagte er zu Ben auf der Matte: „Alle deine Fehler sind dir vergeben“ (Markus 2,5).

Darüber wurden die religiösen Anführer sehr wütend. „Nur Gott allein kann die Fehler der Menschen vergeben!“, sagten sie sich (Vers 7).

Jesus fragte sie: „Was ist leichter? Zu dem Gelähmten zu sagen: ‚Deine Fehler sind dir vergeben‘ oder: ‚Steh auf, nimm deine Matte und geh nach Hause.‘? Ich werde euch jetzt beweisen: Gottes Sohn hat die Macht, Fehler zu vergeben.“ Und er sagte zu Ben: „Steh auf, nimm deine Matte und geh nach Hause. Denn du bist geheilt!“ (Verse 9–11). Genau das tat Ben. All das passierte, weil seine vier Freunde ihn zu Jesus gebracht hatten.

Bringst auch du deine Freunde zu Jesus? Nicht auf einer Matte, klar. Sondern im Gebet? Vielleicht hat dein Freund oder deine Freundin Schmerzen. Oder sie braucht Ermutigung. Oder er kennt Jesus noch nicht. Das Allerbeste, was du tun kannst: ihn oder sie im Gebet zu Jesus zu bringen. Denn Jesus liebt deinen Freund, deine Freundin sogar noch mehr als du!

Jetzt bist du dran!

Wer sind deine Freunde? Habt ihr euch schon mal gegenseitig geholfen? Weißt du, wo deine Freunde gerade jetzt Hilfe gebrauchen könnten? Wie kannst du helfen? Betet gemeinsam für den Freund oder die Freundin, die Hilfe braucht!

41

AUS LIEBE ZU DIR UND MIR

Gott legte seine ganze Superkraft in Jesus hinein.
Frei nach Kolosser 1,19

Das Leben im Himmel ist perfekt. Es gibt keine Tränen, denn nie ist jemand verletzt oder traurig. Es gibt weder Schmerz noch Krankheit. Weder Tod noch Dunkelheit. Im Himmel gibt es nur Licht und Liebe und Gott. So sagt es die Bibel. Ich glaube, im Himmel wird es schöner sein, als wir uns ausmalen können. Schöner als Weihnachten, Geburtstag, alle Zoobesuche und alle Ferienwochen zusammen.

Man braucht nur ein Wort, um den Himmel zu beschreiben: *vollkommen.* Aber um das Leben hier auf der Erde zu beschreiben, braucht man zwei Wörter: *nicht vollkommen.*

Hier auf der Erde gibt es Tränen. Es gibt Schmerzen, Krankheit, Traurigkeit und Tod. Es gibt Wut, Gemeinheiten, Ungerechtigkeit und Lügen. Als Gott die Erde machte, hatte er alles völlig anders geplant. Er wollte, dass es nur Gerechtigkeit, Frieden und Wahrheit gibt. Nur Gesundheit und Leben und Lachen. Und ganz am Anfang gab es auch noch nichts Böses. Wir Menschen haben aus Gottes guter Welt ein Chaos gemacht. Aber Gott liebt uns so sehr – er möchte uns in diesem Chaos nicht alleinlassen.

Also ließ er sich einen Plan einfallen. Einen großartigen, wunderbaren Plan: Alles Gute und Wunderbare legte er in seinen Sohn Jesus hinein. Gottes Superkraft und seine riesengroße Liebe flossen in Jesus hinein. Dann bat er Jesus, den Himmel zu verlassen und in unser Chaos zu kommen – um uns zu retten.

Das tat Jesus! Aber warum eigentlich? Warum sollte Jesus den wunderbaren Himmel verlassen? Und zu den Menschen auf die Erde kommen, wo es so viel Falsches und Böses gibt? Der Grund ist: Liebe. Weil Jesus uns alle so unfassbar liebt. Er möchte, dass wir von allem Bösen frei werden.

Jetzt bist du dran!

Danke Jesus dafür, dass er dich so sehr liebt! Damit du dich immer daran erinnerst: Bastle oder male dir ein Herz und beschrifte es mit „Jesus"!

42

DER BERGKÖNIG

Denk nicht höher von dir, als richtig ist.
Jeder soll darauf achten, dass er sich selbst
richtig einschätzt!
Nach Römer 12,3

Neulich sah ich einige Kinder auf einem leeren Grundstück spielen, wo jemand einen großen Erdhügel aufgeschüttet hatte. Sie spielten eines meiner liebsten Spiele: *Bergkönig*. Die Regeln sind sehr einfach, wenn auch ein bisschen herzlos: Wer König werden will, muss als Erster den Gipfel des Hügels erreichen und dabei alle anderen wegschubsen. Es war eine wahre Matschschlacht. Richtig cool!

Na ja, ich gebe zu, dass es kein besonders friedliches Spiel ist. Und du solltest dabei keinesfalls deine schönste Kleidung anhaben. (Ansonsten wird deine Mama nicht so begeistert sein.) Doch das größte Problem an *Bergkönig* ist: Kinder – und auch Erwachsene – spielen es nicht nur auf leeren Grundstücken und Erdhügeln. An allen Orten und in allen möglichen Versionen wird dieses Spiel gespielt: Die Leute schubsen und drängeln – im Bus, an der Supermarktkasse, in der Schule. Sie drängeln mit dem Körper oder auch mit ihren Worten. Und manchmal sogar mit ihren Händen und Fäusten. Warum? Weil sie der Erste sein wollen. Oder der Wichtigste.

In deinem Umfeld heißt es vielleicht Spielplatzkönig, Klassenkönig oder Zuhausekönig. Das Problem ist nur, dass es immer nur *einen* König geben kann. Möglicherweise denkst du nun: *Aber es ist doch gut, König zu sein. Alle schauen dann zu mir auf. Ich bin etwas Besonderes, ich bin wichtig. Alle wissen, dass ich der Beste bin!* Nur: Wenn du König sein willst, bedeutet das für alle anderen: Sie werden nach unten geschoben. Sie sind dann weniger wichtig als du.

Doch Gott möchte nicht, dass du andere Menschen nach unten schiebst. Er wünscht sich, dass du sie nach oben ziehst! Wie das geht? Sag ein freundliches Wort. Streck deine Hand aus. Hilf mit, dass andere sich wohlfühlen. Denn wenn du so tust, als wärst du besser als die anderen, geht etwas zwischen euch kaputt: Es gibt Ärger und Streit. Menschen fühlen sich verletzt, Freundschaften können zerbrechen.

Im Spiel ist es toll, Bergkönig zu sein. Aber im Alltag nicht immer. Da ist es viel schöner, wenn alle anderen auch den Berg erklimmen!

Jetzt bist du dran!

Spiel doch mal mit deinen Freunden oder Geschwistern *Bergkönig*. Und redet danach mal drüber: Wie fühlt es sich an, oben zu sein? Und wie ist es, runtergeschubst zu werden und unten zu stehen? Übrigens: Es gibt nur *einen* wahren Bergkönig – nämlich den, der die Berge geschaffen hat – Gott!

43

WAS IST DEINE ANTWORT?

Jesus sagt: „Wer sich hier auf der Erde öffentlich zu mir bekennt, den werde ich auch vor meinem Vater im Himmel bekennen."
Matthäus 10,32 (NL)

Bekommst du auch oft viele Fragen gestellt? Als Kind ging mir das so. Ständig hörte ich: *Hast du den Hund schon gefüttert? Bist du fertig mit den Hausaufgaben? Hast du schon den Müll weggebracht?* Und dann gab es natürlich auch noch diese Frage: *Was willst du werden, wenn du mal groß bist?* Das werden dich bestimmt noch viele Leute fragen!

Es gibt Fragen von Lehrern, von deinen Eltern und Großeltern und von der neugierigen Großtante Gerda. Im Laufe der Jahre wirst du Tausende oder sogar Millionen von Fragen beantworten! Aber eine Frage ist wichtiger als alle anderen, die dir je gestellt werden. Diese eine Frage muss jeder Mensch für sich beantworten. Es ist die Frage, die Jesus seinen Freunden stellte: „Und was meint ihr: Wer bin ich?" (Matthäus 16,15).

Als Jesus seine Jünger das gefragt hat, war er schon eine Weile als Prediger unterwegs. Viele Leute hatten schon überlegt, wer Jesus ist: Ein großer Prophet vielleicht? Ein toller Wunderheiler? Einige dachten auch,

Jesus sei Johannes der Täufer. Aber jetzt wollte Jesus wissen, was seine *Jünger* über ihn dachten. Schließlich waren sie seine engsten Gefährten. Ihnen hatte er schon sehr, sehr viel erklärt. Sie kannten ihn schließlich am allerbesten! Darum fragte Jesus sie: „Was meint ihr, wer ich bin?"

Die Antwort gab Petrus: „Du bist der Christus, der Sohn des lebendigen Gottes!" (Vers 16). Petrus antwortete vollkommen richtig. Denn Jesus war nicht bloß ein toller Kerl und nicht einfach nur ein Prophet. Er war – und ist – der Sohn Gottes. Der *Christus* – der von Gott Gesalbte. Der, der auf diese Erde kam, um die Menschen zu retten.

Doch warum ist diese Frage so wichtig? Weil Jesus Folgendes verspricht: „Wenn ihr anderen Menschen erzählt, wer ich bin, dann wird Gott sagen, wer ihr seid – seine Kinder!"

Jetzt bist du dran!

Stell dir selbst die wichtigste Frage: Was meinst du – wer ist Jesus für dich? Warum glaubst du das? Sprecht zusammen darüber. Vielleicht mag auch jeder seine Antwort auf einen Zettel schreiben.

44

EIN NEUER ZUNGENBRECHER

Wir sollen einander lieben.
1. Johannes 3,11 (NL)

Ich liebe Zungenbrecher! Du weißt schon, so lustige Sprüche, mit denen du dir die Zunge verknotest. Zum Beispiel: *Fischers Fritz fischt frische Fische; frische Fische fischt Fischers Fritz.* Oder richtig schwer: *Brautkleid bleibt Brautkleid und Blaukraut bleibt Blaukraut.* Sag das zehnmal ganz schnell hintereinander!

Und jetzt mal einen neuen: *Gutes tun ist gut für den, der Gutes tut.* Allerdings ist der Spruch nicht nur lustig zu sprechen, er stimmt sogar! Er macht deutlich, was Jesus von uns möchte.

In der Bibel steht über Jesus: „Er zog umher, tat Gutes ..." (Apostelgeschichte 10,38). Und: Er ist unser Vorbild (1. Petrus 2,21)! In der Bibel werden auch ganz viele Ideen genannt, wie wir Jesus ähnlicher werden können. Ich nenne sie gerne die „Einander-Sprüche". Hier ein paar Beispiele:

- Ermutigt einander (1. Thessalonicher 5,11).
- Seid liebevoll und geduldig miteinander (Epheser 4,2).
- Betet füreinander (Jakobus 5,16).
- Dient einander (Galater 5,13).

* Vergebt einander (Epheser 4,32).
* Liebt einander (1. Johannes 3,11).

Wenn du übst, die „Einander-Sprüche“ in die Tat umzusetzen, dann tust du anderen Gutes. Aber auch mit dir selbst macht das etwas Wunderbares: Du wirst Jesus immer ein bisschen ähnlicher. Und so entsteht ein toller Kreislauf: Du tust Gutes. → Du wirst Jesus ähnlicher. → Dadurch möchtest du noch mehr Gutes tun. → Somit wirst du Jesus noch ähnlicher. → Dadurch möchtest du ... Schon längst kapiert, oder?

Gutes tun ist gut für den, der Gutes tut. Ja, das ist ein lustiger Zungenbrecher. Doch gleichzeitig ist es das beste Lebensmotto!

Jetzt bist du dran!

Starte den genialen „Kreislauf des Guten“: Such dir einen „Einander-Spruch“ aus der Liste aus. Setze ihn gleich heute in die Tat um – und lass dich überraschen, was dann passiert!

45

DIE FRAU MIT DEM TEUREN PARFÜM

Jesus sagte: „Ich bin nicht gekommen,
um mich bedienen zu lassen,
sondern um anderen zu dienen."
Nach Matthäus 20,28

Simon war bei den Juden ein religiöser Anführer. Eines Tages lud er Jesus zum Abendessen zu sich nach Hause ein. Eine Frau, die viel Falsches getan hatte, bekam das mit. Sie lief zu Simons Haus, in der Hand hielt sie einen Krug mit sehr teurem Parfüm. Sie ging zu Jesus hin, kniete sich neben seine Füße – und wusch sie mit ihren Tränen. Dann trocknete sie die Füße mit ihrem Haar, küsste sie und rieb sie mit dem Parfüm ein.

Simon war entsetzt. *Wenn Jesus wirklich ein Prophet wäre,* dachte Simon, *dann wüsste er, dass diese Frau da sooo viel falsch gemacht hat!*

Doch Jesus erkannte sofort Simons Gedanken. „Als ich dein Haus betrat", sagte Jesus, „hast du mir kein Wasser angeboten, um mir den Staub von den Füßen zu waschen. Diese Frau aber hat meine Füße mit ihren Tränen gewaschen und mit ihrem Haar abgetrocknet. Du hast mir keinen Begrüßungskuss gegeben. Sie aber hat mir immer wieder die Füße geküsst. Du hast es versäumt, mich gastfreundlich zu behandeln. Sie aber hat meine

Füße mit kostbarem Parfüm gesalbt." Dann sagte Jesus zu der Frau: „Alles, was du falsch gemacht hast, ist dir vergeben!" (siehe Lukas 7,44–48).

Klar, Simon hatte Jesus in sein Haus eingeladen. Aber er hatte ihm nicht einmal einen Wassertropfen für seine staubigen Füße angeboten. Zur Zeit, als Jesus auf der Erde gelebt hat, war das sehr unhöflich. Viel schlimmer als Rülpsen oder die Ellbogen auf den Tisch legen! Simon war ein so wichtiger Mann, dass er sich nicht um solche Dinge wie Füße waschen kümmerte. Die Frau dagegen war dankbar für die Gelegenheit, Jesus dienen zu dürfen. Denn sie hatte ihn lieb.

Du kannst Jesus auch dienen. Und ihm damit zeigen, dass du ihn liebhast. Aber wie? Indem du zu anderen Menschen freundlich bist und ihnen hilfst. Fühl dich niemals zu „wichtig". Du darfst dir dabei auch mal die Hände schmutzig machen!

Jetzt bist du dran!

Such dir eine Aufgabe, die sonst niemand machen will, und erledige sie. Vielleicht den Müll wegbringen, den Boden kehren oder den Hundedreck wegmachen. Versuch das so zu erledigen, dass es möglichst niemand mitbekommt. Ist doch cool, einmal Heinzelmännchen zu spielen, oder?

46

WENN JESUS SAGT: „STEH AUF!“

Jesus sagte zu dem Gelähmten:
„Steh auf, nimm deine Matte und geh!“
Johannes 5,8 (NL)

Wenn du ein Problem hast, was machst du dann als Erstes? Ein wichtiger Tipp aus der Bibel: Bete zuallererst. Auch wenn dich Sorgen und Ängste quälen: Bete zuerst. Bitte Gott um Hilfe. Bitte ihn, dein Problem zu lösen. Und bitte ihn, deine Sorgen und Ängste wegzunehmen.

Nachdem du gebetet hast, solltest du aber nicht einfach auf dem Sofa sitzen bleiben und Computerspiele spielen, bis Gott alles wieder in Ordnung gebracht hat. Nein. Jesus möchte auch, dass du etwas *tust.*

Ich erklär das mal mit einer Geschichte aus der Bibel: In Jerusalem gab es einen Teich, dort lagen ganz viele kranke Menschen. Sie glaubten, dass manchmal ein Engel das Wasser bewegte. Wer danach als Erster ins Wasser ging, wurde angeblich gesund.

Ein gelähmter Mann hatte schon 38 Jahre lang an dem Teich gelegen und gewartet. Zu diesem Mann kam Jesus eines Tages und sagte: „Steh auf, nimm deine Matte und geh!“ Das tat der Mann. Die Heilung kam von Jesus. Aber der Mann musste auch selbst etwas tun – er musste Jesus vertrauen. Was meinst du: Was wäre passiert, wenn der

Mann nicht aufgestanden wäre? Wenn er seine Matte nicht aufgehoben hätte? Dann hätte er auch nicht loslaufen können!

Wenn du ein Problem hast, kannst du also Folgendes tun:

- *Steh auf und nimm deine Matte.* Höre auf das, was Jesus dir sagen will – was du tun sollst. Hast du jemanden mit Worten verletzt, dann entschuldige dich. Wenn ein Freund dich immer wieder belügt, suche dir einen anderen Freund. Wenn du dir Sorgen machst und nicht weiterweißt, dann hol dir Hilfe.
- Und *geh.* Vertraue Gott. Er ist immer bei dir! Er kümmert sich um alles.

Brauchst du Gottes Hilfe? Dann bitte ihn darum. Warte auf eine Antwort von ihm. Vertrau ihm und gehorche ihm.

Jetzt bist du dran!

Warten ist schwer. Manchmal müssen wir auch warten, bis Gott antwortet. Was könntest du tun, bis es so weit ist?

47

HILFE, WO GEHT'S HIER LANG?

Wir führen unser Leben im Vertrauen auf Gott –
und nicht im Schauen.
2. Korinther 5,7 (DB)

Es gibt einen Wanderweg mitten durch die Wildnis der Appalachen. Das ist ein Gebirge in den USA. Dieser Weg heißt „Appalachian-Trail" und ist etwa 3.500 Kilometer lang. Es ist ein ziemlich holpriger Pfad, der viele Berge hinauf- und wieder hinunterführt. Wer auf diesem Trail wandert, besteigt so viele Berge, dass es zusammengerechnet so wäre, als würde man den Mount Everest 16-mal besteigen! Krass, oder?

Der Weg ist manchmal steinig, manchmal schlammig und oft voller Baumwurzeln. Man muss Bäche überqueren. Ach ja, und es gibt Bären und Schlangen. Immerhin ist der Weg leicht zu finden, denn auf der gesamten Strecke gibt es 165.000 Markierungen, die auf Pfosten, Felsen oder Baumstämme gemalt sind.

Somit kann man dem Weg leicht folgen – außer man ist blind wie Bill Irwin. Stell dir vor: Bill Irwin ist mit seinem Blindenhund „Orient" den gesamten Weg gewandert! Dabei benutzte er weder eine Karte noch ein Handy-Navi noch einen Kompass. Bill ließ sich stattdessen von einem Bibelvers leiten: „Wir führen unser Leben im Vertrauen auf Gott und nicht im Schauen" (2. Korinther 5,7; DB). Die Wanderung dauerte acht Monate. Bill betete oft und erzählte unterwegs vielen Menschen von Jesus.

Bill schätzt, dass er auf dem Weg etwa 5.000-mal stürzte. Er kämpfte mit der Kälte. Er brach sich die Rippen und schürfte sich Hände und Knie so oft auf, dass er nicht mehr mitzählen konnte. Trotzdem vertraute Bill immer darauf, dass Gott ihm den richtigen Weg zeigt. Er wanderte den über 3.000 Kilometer langen Weg – im Vertrauen auf Gott, nicht im Vertrauen auf sichtbare Markierungen.

Unser Leben kann man mit einer Wanderung auf dem *Appalachian-Trail* vergleichen. Wir müssen auch Berge bezwingen und dunkle Wälder durchqueren: Problem-Berge und dunkle Sorgen-Wälder. Ein Tag kann sich manchmal so anfühlen, als wäre man auf einem steinigen Wurzelweg unterwegs. Aber auf unserer Wanderung gibt es auch viele schöne Dinge: Blumen, Sonnenschein, nette Wegbegleiter. Wenn du mal nicht weißt, wo es langgeht: Vertrau auf Gott, dass er dich führt. Sag ruhig mehrmals am Tag: „Bitte hilf mir, Gott!" Und wenn er dir geholfen hat, antworte: „Danke, Gott!"

Jetzt bist du dran!

Zwei der wichtigsten Gebete sind: „Bitte hilf mir, Gott!" und „Danke, Gott!". Bastle dir eine Erinnerung: Schreibe den ersten Satz auf einen roten, den zweiten Satz auf einen gelben Zettel. Häng die Zettel gut sichtbar in deinem Zimmer auf. Wenn ihr wollt, spielt jetzt noch zusammen *Blindenführer!*

48

GOTT LIEBT DICH – ER KANN NICHT ANDERS

Ja, ich bete, dass ihr Gottes Liebe immer tiefer versteht. Auch wenn wir diese Liebe niemals mit unserem Verstand erfassen können.

Nach Epheser 3,19

Stell dir vor, du wärst ein Hirte. Du trägst ein Gewand und läufst mit einem großen Hirtenstab herum, der einen Haken am Ende hat. Und du hast Schafe. Superviele Schafe. Genau gesagt, sind es exakt 100 Schafe. Eines Tages zählst du deine Schafe und du merkst, dass heute nur 99 auf der Weide zu sehen sind. Ein Schaf fehlt! Was solltest du jetzt tun?

Genau diese Frage stellte Jesus einigen jüdischen Religionslehrern. Sie hatten sich nämlich geärgert, weil Jesus so viel Zeit mit „Übeltätern" verbrachte. (Sie selbst vergaßen immer wieder, dass auch sie oft Fehler machten!)

Jesus erzählte seine Beispielgeschichte weiter: „Der Hirte wird doch bestimmt die 99 Schafe zurücklassen – und das eine Schaf suchen, das er verloren hat, oder? Ja, der Hirte wird ganz sicher so lange suchen, bis er das Schaf findet. Dann würde er es auf seine Schultern nehmen und es nach Hause tragen."

Jesus will mit dieser Geschichte zeigen: Ein richtiger Hirte liebt seine Schafe. Gott ist der gute Hirte. Er liebt jeden von uns und will uns immer in seiner Nähe haben.

Wenn du alles richtig machst und dir den ganzen Tag lang kein Fehler passiert, liebt Gott dich. Aber auch wenn du wütend wirst und deinem Bruder die Nase blutig schlägst, liebt Gott dich. (Schlag deinen Geschwistern bitte trotzdem nicht die Nase blutig!! Denn Mama und Papa haben dich zwar weiterhin lieb, aber sie werden dir eine Strafe aufbrummen. Glaub mir.)

Selbst wenn du von Gott wegläufst und ganz bewusst Sachen machst, die Gott nicht will: Er hat dich trotzdem lieb. Er läuft dir sogar nach, bis er dich findet – wie das verlorene Schäfchen.

Man kann einer Katze nicht das Miauen verbieten und einem Löwen nicht das Brüllen abgewöhnen. Einem Fisch kann man nicht das Schwimmen verbieten und einem Stern nicht verbieten zu leuchten. Und: Man kann Gott nicht davon abhalten, dich zu lieben. Niemals! Denn Gott ist Liebe (1. Johannes 4,8). Das gehört zu ihm wie das Miauen zu einer Katze.

Jetzt bist du dran!

„Gottes Liebe ist so wunderbar!" Sing mit!

49

MACH DIR KEINE SORGEN!

Jesus sagte: „Macht euch keine Sorgen – darum, ob ihr genug zu essen, zu trinken und anzuziehen habt!“
Matthäus 6,25 (NL)

Jesus sagt: „Macht euch keine Sorgen.“ Weder um Kleidung noch um Essen noch um andere Dinge, die wichtig sind, zum Beispiel die Matheaufgaben. Ich weiß nicht, wie es bei dir ist, aber das „Mach dir keine Sorgen“ fällt mir oft ganz schön schwer. Aber es gibt bei Jesus eine supergute Sache: Immer, wenn er uns eine Anweisung gibt, verrät er uns auch, wie wir das schaffen können. Zu „Mach dir keine Sorgen!“ gibt er dir den Tipp: „Schau dich um!“

Schau in die Natur: Eichhörnchen haben einen buschigen Schwanz. Löwen haben eine Mähne. Muscheln eine Schale und Bären einen dicken Pelz. Und die Blumen sind auch so verschieden! Es gibt sie in so vielen Farben, Formen und Größen! Da ist die prächtige Rose, das kleine Gänseblümchen, der leuchtend gelbe Löwenzahn. Und all diese Blumen sind prächtiger gekleidet als ein König mit seinem teuren Gewand (siehe Matthäus 6,29).

Die Tiere säen kein Getreide. Sie gehen nicht einkaufen und bestellen sich keine Pizza nach Hause. Trotzdem sorgt Gott dafür, dass sie ihr Futter bekommen. Ameisenbären bekommen Ameisen. Vögel bekommen Samen und große, saftige Würmer. Und der Panda bekommt Bambusblätter. Gott liebt die Tiere und kümmert sich um sie. Aber noch viel mehr liebt er dich – und kümmert sich um dich!

Du bist für ihn wichtiger als jeder Ameisenbär, jeder Spatz und jedes Eichhörnchen. Wertvoller als jeder Löwe und jede Muschel. Sogar schöner als jede Blume! Darum darfst du ganz sicher sein, dass Gott sich um dich kümmert.

Bitte Gott einfach, dann wird er dir geben, was du brauchst (Matthäus 7,7). Heißt das nun, dass du jeden Tag dein Lieblingsessen und die coolsten Klamotten bekommst? Nein. Es bedeutet, dass Gott dein guter Papa im Himmel ist – und er dir geben wird, was du wirklich brauchst. Also: Mach dir keine Sorgen!

Jetzt bist du dran!

Gott kann auch *dich* gebrauchen, um *anderen* zu geben, was sie brauchen. Verschenke Spielzeug an jemanden, der keins hat. Gib die Kleidung weiter, aus der du herausgewachsen bist. Überleg mal: Was kannst du tun?

50

WORUM WILLST DU GOTT BITTEN?

Als der Blinde näher kam, fragte Jesus ihn:
„Was soll ich für dich tun?"
Lukas 18,41 (ÜK)

Ein blinder Mann saß am Straßenrand und bettelte um Geld. Er hörte eine Menschenmenge näher kommen und fragte: „Was ist da los?"

„Jesus kommt!", antworteten ihm die Leute.

Von Jesus hatte der Blinde schon gehört. Der konnte Menschen heilen! Also rief er: „Jesus! Bitte hilf mir!"

Jesus blieb stehen. „Bringt den Blinden zu mir!", sagte er. Dann fragte er den Mann: „Was soll ich für dich tun?"

Der Blinde antwortete: „Ich möchte wieder sehen!" (nach Lukas 18,35–43).

Sofort heilte Jesus den Mann – weil der fest daran glaubte, dass Jesus ihn gesund machen kann. Aber warum hat Jesus den Mann zuerst gefragt, was er möchte? Jesus hat doch gesehen, dass er blind war, oder? Ich denke, Jesus hat den Mann gefragt, damit der ihm genau sagt, was er sich von Jesus wünscht.

Dasselbe möchte Jesus auch von dir. Aber warum?

* Wenn du deine Bitte aussprichst, zeigt das: Du hast darüber nachgedacht. Du meinst deine Bitte ernst. Du

sagst nicht einfach: „Bitte, Gott, mach alles gut.“ Sondern du sprichst aus, wobei genau du Hilfe brauchst.

* Wenn du deine Bitte benannt hast, kannst du anschließend erkennen, wie Gott handelt. Zum Beispiel: Du erzählst Gott, dass du seine Hilfe brauchst, um jemandem zu verzeihen. Danach kannst du erleben, was Gott tut: Er nimmt die Wut aus deinem Herzen weg.
* Wenn du deine Bitte aussprichst, hilft dir das auch, deine Sorgen an Gott abzugeben. Beispiel: „Ich wünsche mir Freunde. Bitte hilf mir bei der Suche.“ Nach dem Gebet musst du dir keine weiteren Sorgen machen. Sondern du darfst wissen: Gott arbeitet an deinem Problem. Er kümmert sich drum!

Natürlich bedeutet bitten nicht, Gott eine Liste an Forderungen hinzulegen. Bitte Gott um das, was du brauchst. Und danke ihm danach für alles, was er schon für dich getan hat.

Jetzt bist du dran!

Nimm dir vor dem nächsten Beten kurz Zeit: Worum genau möchtest du Gott bitten? Vielleicht kannst du deine Bitten sogar aufschreiben! Achte mal darauf, wie Gott deine Bitten erhört. Gibt er dir, worum du gebeten hast? Oder sogar etwas viel Besseres?

51

ZWEI BAUHERREN

Jesus sagte: „Wer auf mich hört und danach handelt, ist klug. Er handelt wie ein Mann, der ein Haus auf Fels baut."
Matthäus 7,24 (NL)

Jesus erzählte einmal eine Geschichte über zwei Bauherren. Der eine war klug, der andere dumm. Der Kluge baute sein Haus auf festen Felsen. Als ein Sturm kam und es heftig regnete, stürzte das Haus nicht ein. Denn es war auf Fels gebaut.

Der andere Bauherr war nicht so klug. Der beschloss, sein Haus auf Sand zu bauen. Vielleicht war das leichter, als auf Felsen zu bauen. Vielleicht gefiel ihm die Aussicht. Doch als der Sturm kam und es heftig regnete, stürzte das Haus krachend ein.

Was will Jesus nun mit dieser Geschichte deutlich machen?

Die Bauherren sind die Menschen: du und ich und alle anderen. Wir alle bauen an unserem Leben. Die Frage ist nur: Bauen wir unser Leben auf Felsen oder auf Sand?

Sand ist weich. Er rutscht schnell weg. Der Sand – das ist das, was andere Menschen wichtig finden: Erfolg. Oder: der Coolste sein. Oder reich sein. Wenn du aber unbedingt der beste Fußballer, die Klassenbeste oder

der Beliebteste sein willst, Vorsicht! Dein Haus steht dann auf Sand. Was ist, wenn du dir ein Bein brichst? Wenn du den Mathetest verhaust? Oder wenn die anderen in der Klasse plötzlich jemand anderen cooler finden als dich? Dann stürzt dein Lebenshaus ein!

Der Felsen – das ist das, was Gott sagt. Lass dir von ihm sagen, warum du wichtig bist und du selbstbewusst sein darfst. Dann steht dein Lebenshaus auf Fels. Solange *Gott* das Wichtigste in deinem Leben ist, stehst du felsenfest. Kein Sturm – keine schlechte Note, keine Beleidigung oder sonst was – kann dich dann umhauen!

Jetzt bist du dran!

„Bau dein Haus nicht auf losen Sand." Sing mit! Hier geht's zum Lied:

52

ZWEI KLEINE WÖRTER

Gott, ich will dir von ganzem Herzen danken
und von deinen Wundern erzählen.
Psalm 9,2 (NL)

Jesus war unterwegs nach Jerusalem, als er in eine kleine Stadt kam. Dort traf er zehn Männer. Sie alle hatten Aussatz – das ist ein anderes Wort für Lepra, eine schreckliche Hautkrankheit. Den zehn kranken Männern war klar: Die anderen Menschen hatten Angst, sich anzustecken. Deshalb blieben sie in einiger Entfernung stehen. Dann riefen sie Jesus zu: „Jesus, Meister, hab Mitleid mit uns!“ (Lukas 17,13).

Jesus sah die Männer an und sagte: „Geht und zeigt euch den Priestern!“ (Vers 14).

Die Männer drehten sich um und gingen weg. Beim Laufen merkten sie plötzlich: Sie waren geheilt! Einer der Männer sah seine gesunde Haut an. Jubelnd und voller Freude lief er zu Jesus zurück. Er kniete sich vor Jesus hin und bedankte sich.

Da schaute Jesus den Mann an und fragte ihn: „Sind nicht zehn Menschen gesund worden? Wo sind die anderen neun? Aber nur du bist zurückgekommen, um Gott dafür zu loben!“ (siehe Verse 17–18).

Ich glaube: Auch die anderen neun Leprakranken

waren sehr glücklich über ihre Heilung. Doch sie waren damit beschäftigt, zum Priester zu gehen. Der Priester sollte bestätigen, dass sie wieder gesund waren. Ja, Jesus hatte alle Männer zum Priester geschickt. Aber neun von ihnen vergaßen, sich bei Gott zu bedanken.

Diese neun Leprakranken haben etwas falsch gemacht, nicht wahr? Aber passiert uns das nicht auch oft? Achte mal auf deine Gebete. Oft beten wir nämlich: „Hilf mir", „bitte gib mir" oder „zeig mir". Und wenn Gott uns dann hilft oder gibt oder zeigt, vergessen wir oft diese zwei kleinen Wörter: „Danke, Jesus."

Worüber freut sich Jesus total? Wenn du ihm diese zwei kleinen Wörter sagst: „Danke, Jesus." Wenn du dich bei ihm für seine Hilfe bedankst, wirst du fröhlicher werden – glaub mir! Und falls andere fragen, warum du so fröhlich bist, dann erzähl ihnen von Jesus.

Jetzt bist du dran!

Nimm dir ein großes Blatt Papier (A3). Schreibe, male und klebe Bilder auf, wofür du alles dankbar bist. Das können Menschen sein, Orte, Dinge oder schöne Erlebnisse. Gestalte noch die Überschrift: „Danke, Gott!".

53

DU HAST DA WAS IM AUGE

Jesus sagte: „Warum regst du dich auf, weil dein Nächster einen Splitter im Auge hat? Du vergisst, dass du selbst einen ganzen Balken im Auge hast!"

Nach Matthäus 7,3

Stell dir vor, ein riesiges Stück Holz würde aus deinem Auge ragen. Es ist größer als ein Tennisschläger. Sogar größer als ein Hockeyschläger. Und überall, wo du hingehst, stößt dieser riesige Balken gegen irgendwelche Sachen. Er stößt Menschen in den Rücken. Er stößt Bücher aus Regalen und schubst die Gläser von den Tischen. Aber du hast dich daran gewöhnt. Es stört dich gar nicht mehr. Du tust so, als wäre der Balken gar nicht da.

Jetzt stell dir vor, deine Freundin hat einen winzigen Splitter im Auge. Das macht dich total wütend! Du denkst: „Warum merkt sie das nicht? Wie kann sie überhaupt was erkennen mit diesem Splitter? Warum tut sie nichts dagegen?"

Eines Tages hältst du es nicht mehr aus. Du musst ihr helfen, den Splitter loszuwerden! Du gehst hin und ... nachdem du drei Bücher, ein Glas Wasser und die Katze vom Tisch gestoßen hast, sagst du: „Halt mal still. Ich ziehe dir jetzt den Splitter aus dem Auge." Doch als du dich zu ihr rüberbeugst, passiert es wieder: Dein großer Balken im Auge stößt deine Freundin, dann fegt er die schöne Vase vom Tisch. Jetzt wird deine Freundin ein wenig wütend: „Lass das!", sagt sie. „Behandle zuerst mal dein eigenes Auge!"

Klingt albern, oder? Aber genau so verhalten wir uns manchmal. Wir sehen schnell, was *andere* Menschen an ihrem Verhalten ändern sollen. Dein Bruder soll mehr mit dir teilen. Deine Freundin soll aufhören zu lästern. Dein Cousin soll nicht ständig ausrasten. Ja, wir erkennen sehr leicht die „Splitter" im Auge der anderen. Aber den großen Balken in unserem eigenen Auge – den übersehen wir oft. Warum? Weil wir denken, wir machen immer alles richtig. Oder weil wir uns nicht mehr so geliebt fühlen. Oder weil wir nur an uns selbst denken.

Wenn du das nächste Mal denkst: „Mein Freund (meine Mama) macht was falsch. Er (oder sie) muss was ändern!" – dann guck erst in den Spiegel. Frage Jesus, was er gerne an *dir* ändern würde.

Jetzt bist du dran!

„Ein Brett vor dem Kopf haben." Sprecht mal darüber, was diese Redewendung bedeutet. Und dann tauscht euch über die Fragen aus: Lasse ich mir von jemand anderem gern sagen, was er an mir nicht so toll findet? Warum oder warum nicht?

54

GOTTES MITARBEITER

Gott ist denen nahe, die zu ihm beten und es ehrlich meinen.
Psalm 145,18 (Hfa)

Als ich ungefähr sechs Jahre alt war und mein Bruder neun, begann mein Vater, ein neues Haus für unsere Familie zu bauen. Aber zuerst setzte er sich an den Küchentisch und zeichnete alle Pläne. Mein Bruder und ich schlichen um ihn herum und schauten ihm über die Schulter. Wir gaben ihm viele tolle Tipps. „Ein großes Fenster im Wohnzimmer wär toll. Ach ja, du könntest eine Schaukel in die Küche bauen! Und unbedingt eine große Rutsche direkt neben der Treppe!"

Nach einer Weile legte mein Vater seinen Zeichenstift weg und sah uns an. „Jungs, wollt ihr mir helfen?", fragte er.

Was für eine Frage! So sicher wie Vögel fliegen können, so gerne wollten wir helfen – unbedingt! Also rannten mein Bruder und ich jeden Nachmittag nach der Schule auf die Baustelle. Wir hatten dort wichtige Aufgaben! Mal gab es Küchenfliesen abzuladen, mal Holzreste wegzuräumen und verstreute Nägel aufzusammeln. Ich war nicht mehr bloß ein Grundschulkind. Sondern ich war ein Mitarbeiter meines Papas!

Weißt du was? Auch Gott möchte uns als seine Mitarbeiter haben! Gott hat auf dieser Welt eine Menge Arbeit. Er möchte, dass wir ihm dabei helfen. Keiner ist zu klein dafür! Was gibt es zu tun? Die größte Aufgabe ist: beten. Jedes Mal, wenn du betest, arbeitest du für Gott. Du arbeitest sogar mit ihm zusammen! Das gilt, wenn du für Dinge betest, die du brauchst. Das gilt auch, wenn du für andere betest.

Jedes Mal, wenn du betest, ist das so, als würdest du zur Baustelle rennen, einen Hammer nehmen und Gott ein bisschen beim Hausbauen helfen: Im Gebet helfen wir Gott. Wir helfen mit, dass immer mehr die guten Dinge passieren, die Gott möchte.

Jetzt bist du dran!

Wie bei jedem Bauprojekt ist es wichtig: Du musst jeden Tag kommen und weiterarbeiten. Such dir jeden Tag ein paar Minuten zum Beten – entweder morgens früh oder abends vor dem Schlafengehen oder irgendwann dazwischen. Gott wird sich freuen, dich als seinen Mitarbeiter zu treffen!

55

WUNDER, WUNDER, WUNDER

Jesus sagte: „Menschlich gesehen ist es unmöglich, aber nicht für Gott. Bei Gott ist alles möglich!“
Markus 10,27 (NL)

Eines Tages brachten ein paar Leute einen Mann zu Jesus. Der Mann war taub und er konnte kaum sprechen. Die Leute baten Jesus, ihn zu heilen. Da legte Jesus seine Finger in die Ohren des Mannes. Dann nahm er Spucke und berührte damit die Zunge des Mannes. Anschließend schaute Jesus zum Himmel und sagte: „Öffne dich!“ Sofort wurden die Ohren des Mannes geöffnet. Er konnte hören! Er konnte sprechen! (nach Markus 7,31–35).

Das war eines von vielen Wundern, die Jesus tat, als er hier auf der Erde lebte. Er heilte Gelähmte. Er ließ Blinde wieder sehen. Er machte, dass Taube wieder hören konnten. Jesus stoppte Stürme und lief auf dem Wasser. Er weckte sogar Tote zum Leben auf! Und dann lesen wir in der Bibel: „Es gibt noch viel, viel mehr, was Jesus getan hat. Wenn man das alles aufschreiben würde – unmöglich! So viele Bücher kann man gar nicht schreiben! Die ganze Welt wäre zu klein für so viele Bücher!“ (nach Johannes 21,25). Das sagte ein Freund von Jesus, der Jünger Johannes – und der war ja dabei, als Jesus all diese Wunder tat!

Warum eigentlich tat Jesus diese Dinge? Klar, weil er den Menschen helfen wollte. Der Blinde sollte den Sonnenaufgang sehen können. Der Taube sollte hören können, wie ein Freund seinen Namen ruft. Aber Jesus wollte noch viel, viel mehr: Er wünschte sich nämlich, dass diese wunderbaren Geschichten aufgeschrieben und weitererzählt werden: die Berichte über all die Menschen, die geheilt wurden und neuen Mut bekamen. Jesus wollte, dass die Geschichten einmal viele Menschen lesen. Damit du und ich – und alle Menschen, die heute leben – glauben können: Ja, Jesus ist mehr als nur ein guter Mensch. Er ist mehr als ein Lehrer oder ein Prophet. Er ist der Sohn von Gott! Jesus tat all diese Dinge, damit wir erkennen: Gott selbst hat Jesus auf die Erde geschickt. Wir sollen erkennen, dass Gott Wunderbares und Unmögliches tun kann. Auch hier und heute!

Jetzt bist du dran!

„Nichts ist unmöglich mit dir, Gott!" Sing noch mal das Lied, das du bei Nr. 17 schon gehört hast.

56

DIE BESTE EINLADUNG ALLER ZEITEN

Jesus sagt: „Wer von meinem Wasser trinkt,
der wird nie wieder Durst bekommen.
Dieses Wasser ist wie eine sprudelnde Quelle.
Aus ihr fließt ewigen Leben."
Nach Johannes 4,14

Wo bist du zuletzt eingeladen worden? Zu einer Geburtstagsfeier? Zu einer Übernachtung bei Freunden? Zu einem Zeltwochenende? Zu Oma und Opa?
Manche Einladungen gelten für viele Leute gleichzeitig. Zum Beispiel die Einladung zu einem großen Fest. Andere Einladungen bekommst vielleicht nur du allein. Zum Beispiel, wenn dich dein bester Freund nachmittags zum Spielen einlädt. Doch es gibt eine Einladung, die für *alle* Menschen gilt. Sogar für Menschen, die viele Fehler gemacht haben. Oder für Menschen, mit denen niemand reden will. Ich möchte dir von einer ganz besonderen Einladung erzählen (Johannes 4,6–15):

Eines Tages reiste Jesus durch eine Gegend, die man Samaria nannte. Dort hielt er mitten am Tag an einem Brunnen an. Eine samaritanische Frau kam gerade, um Wasser zu schöpfen. Jesus sagte zu ihr: „Bitte, gib mir zu trinken!"

Überrascht fragte die Frau: „Warum bittest du mich, dir

zu trinken zu geben?" Denn Juden sprachen normalerweise nicht mit Samaritanern – und Jesus war ja ein Jude.

„Du weißt nicht, wer dich gerade nach Wasser fragt", antwortete Jesus. „Wenn du das wüsstest, würdest du nämlich *mich* schnell um Wasser bitten. Um lebendiges Wasser."

Die Frau wunderte sich. *Wie soll dieser Mann mir Wasser geben?*, dachte sie. *Er hatte ja nicht einmal einen Eimer!*

Aber das Wasser von Jesus ist kein normales Wasser aus einem Brunnen. Jesus meinte mit dem lebendigen Wasser: Er möchte den Menschen ganz viel Liebe und Freude schenken. Und ein Zuhause bei ihm. Dann erzählte Jesus der Frau alles, was er über ihr Leben wusste. Sie staunte. Denn sie hatte Jesus ja gar nichts aus ihrem Leben erzählt! Die Frau ließ ihren Wasserkrug stehen und rannte voller Freude los. Sie wollte allen Leuten im Dorf von Jesus erzählen! Denn sie hatte erfahren: Jesus kennt mich ganz genau. Er ist voller Liebe und will mit mir Zeit verbringen.

Ganz bestimmt wirst du immer wieder tolle Einladungen bekommen. Aber die allerbeste Einladung kommt von Jesus. Zu der musst du unbedingt *Ja* sagen. Und vergiss nicht, auch deine Freunde einzuladen!

Jetzt bist du dran!

Jesus feiert gern mit uns. An Weihnachten ist die Geburtstagsparty von Jesus. Feiert doch mal den Geburtstag von Jesus – egal, ob im Dezember oder im Sommer! Backt einen Kuchen für Jesus. Und lade deine Freunde zu dieser besonderen Party ein.

57

NIE UND NIMMER

Jesus sagte: „Der Dieb kommt nur, um zu stehlen. Ich aber bin ganz anders. Ich bin gekommen, um euch das Leben zu geben – Leben im Überfluss.“

Nach Johannes 10,10

Wer mag schon Diebe? Also ich nicht. Diebe nehmen anderen etwas weg. Und es gibt Lügner. Die wollen anderen auch etwas wegnehmen: die Wahrheit. Manchmal sitzt so ein Lügner sogar in deinem Kopf. Wenn etwas schiefgeht, du mal einen schlechten Tag hast oder mutlos bist, dann flüstert der Lügner dir gern „Nie und nimmer“ ins Ohr. Kennst du solche Sprüche?

Nie und nimmer werde ich das richtig hinbekommen!
Nie und nimmer werde ich in irgendetwas gut sein!
Nie und nimmer werde ich Freunde finden!
Nie und nimmer werde ich glücklich sein!

Der Lügner in deinem Kopf kennt sehr viele solcher Sätze. Doch ich möchte dir ein Geheimnis verraten: Kein einziger dieser Sätze ist wahr! Sie sind Lügen. In der Bibel steht, wer das Lügen erfunden hat: der Teufel (Johannes 8,44). Er hat Spaß daran, böse zu sein und die Wahrheit zu verdecken. Weil er will, dass wir Menschen nie und nimmer Liebe, Hoffnung oder Freude spüren. Niemals, nie und nimmer.

Aber Gott ist immer stärker als der fiese Teufel – und als alle Diebe und Lügner dieser Welt. Gott ist immer gut. Und er möchte, dass du fröhlich und mutig und stark bist. Deshalb hat Gott für dich ganz viele *Für-immer-und-ewig-Sätze*:

Für immer und ewig wird Gott dir helfen.
Für immer und ewig wird Gott bei dir sein.
Für immer und ewig will Gott dir vergeben, wenn du ihn darum bittest.
Für immer und ewig wird Gott dich lieben.

Jeder Satz ist wahr! Es sind Gottes Versprechen an dich. Wenn also der blöde Lügner kommt und dir einen *Nie-und-nimmer-Spruch* ins Ohr flüstert, sag zu ihm: „Sei still!" Denn du möchtest ja Gottes *Für-immer-und-ewig-Sprüche* hören!

Jetzt bist du dran!

Ein Versprechen ist eine Abmachung. Was Gott dir verspricht, gilt. Immer! Schreibe Gottes Versprechen auf ein Blatt Papier. Du kannst es am Rand mit Goldfarbe oder Goldpapier verzieren. Gold ist die Farbe für Gottes strahlende Kraft und seine Treue.

58

DIE GROSSE SAUEREI

Gott hat all unsere Fehler auf seinen Sohn Jesus geladen. Jesus ertrug die Strafe für uns. So können wir frei werden von unserer Schuld.

Nach 2. Korinther 5,21

Hast du schon mal eine Sauerei angerichtet? Eine richtig große Sauerei? Egal, wie schlimm es war: Ich wette, dass meine noch größer war! Oder zumindest viel, viel klebriger.

Wahrscheinlich war ich ungefähr so alt wie du, als die Sauerei passierte. Mein Bruder und ich spielten im Supermarkt Fangen. (Bestimmt war das nicht die beste Idee.) Wir rannten die Gänge auf und ab. Es machte richtig Spaß ... bis ich in einen großen Tisch voller Honiggläser krachte. Die Gläser flogen in alle Richtungen. Sie zersprangen auf dem Boden und der Honig verteilte sich überall. Der Ladenbesitzer war richtig sauer.

„Zu wem gehörst du?", brüllte er mich an.

Ich saß da, total honigverschmiert, und blickte zu dem Ladenbesitzer hoch. Die Angst kroch in mir hoch. Für wie viele Jahre ich wohl ins Gefängnis kommen würde? Dann hörte ich die Stimme meiner Mutter: „Er gehört zu mir", sagte sie. „Wir werden diese Sauerei wegputzen."

Genau das sagt Jesus, wenn wir Mist bauen. Also:

Wenn wir lügen. Wenn wir etwas verheimlichen, was nicht gut für uns ist. Wenn wir schlecht über andere reden. All das ist wie die Honig-Sauerei im Supermarkt: Sie macht etwas kaputt – wie die Honiggläser, die runtergefallen sind. In unserer Freundschaft zu Gott und zu anderen Menschen geht etwas kaputt. Und was wir falsch gemacht haben, klebt an uns fest wie Honig: Wir können fast an nichts anderes mehr denken.

Zum Glück wusste Gott schon, dass wir Menschen Sauereien anstellen werden. Darum schickte er Jesus – um unsere Sauereien zu beseitigen. Als er starb, klebten all unsere Fehler an ihm. Er wurde für unsere Fehler bestraft, damit wir nicht bestraft werden müssen. Wenn du Jesus lieb hast und auf ihn hörst, gehörst du zu seinen Freunden. Wenn du mal etwas falsch machst, sag ihm ehrlich, dass es dir leidtut. Dann darfst du dir sicher sein, dass Jesus sagt: „Der gehört zu mir. Ich putze diese Sauerei weg."

Gebet

Gott, es tut mir leid, wenn ich Sachen mache, die dir nicht gefallen. Bitte vergib mir. Danke, dass du meine klebrigen Fehler wegwischst. Amen.

59

WAS TUT GOTT?

Jesus sagte:
„Wer mich anschaut,
erkennt, wie Gott ist!"
Nach Johannes 14,9

Vielleicht gibt es bei dir auch Tage, an denen du denkst: *Sieht Gott nicht, dass ich Angst habe? Weiß er eigentlich, dass ich mich total einsam fühle? Kümmert es ihn überhaupt, wenn ich traurig bin und Schmerzen habe?*

Die Antwort heißt: Ja! Ja, Gott sieht deine Angst. Ja, er weiß, wann du dich einsam fühlst. Ja, es interessiert ihn, wenn du traurig bist oder Schmerzen hast. Gott sieht es, weiß es und kümmert sich drum. Er tut alles, um dir zu helfen.

Möchtest du wissen, was Gott tut, wenn du Schmerzen hast? Schauen wir uns doch mal an, was Jesus tat. Zum Beispiel, als er einmal einer Frau auf der Straße begegnete.

Die Bibel verrät uns leider nicht den Namen der Frau. Sie war seit zwölf Jahren krank. Viele verschiedene Ärzte hatten sie schon untersucht, aber keiner konnte ihr helfen. Jetzt hatte die Frau kein Geld mehr. Und: Sie durfte nicht einmal zum Beten in den Tempel gehen! Sie durfte niemanden anfassen oder umarmen! Warum? Weil sie mit ihrer Krankheit als unrein galt. So war das damals. Dann hörte diese Frau von Jesus.

Als Jesus dann durch die Straßen ging, sagte sie zu sich: *Wenn ich nur seine Kleider berühre, werde ich gesund* (Markus 5,28). Die Frau drängte sich durch die Menschenmenge, bis sie direkt hinter ihm stand. Sie berührte mit den Fingern sein Gewand. Im selben Augenblick war sie geheilt! Das spürte sie sofort!

Auch Jesus spürte etwas: Er merkte, dass eine heilende Kraft aus ihm herausgeströmt war. Er blieb stehen, drehte sich um und fragte: „Wer hat meine Kleider berührt?"

Die Frau zitterte. Würde Jesus sie nun bestrafen? Trotzdem trat sie einen Schritt vor. Sie fiel zu seinen Füßen nieder und sagte Jesus: „Ja, ich war es." Jesus lächelte sie an und sagte: „Ich weiß. Tochter, dein Vertrauen zu mir hat dich gesund gemacht. Du bist geheilt."

Also, was tut Gott, wenn du Schmerzen hast? Das, was Jesus tat. Er sieht es. Er weiß es. Er kümmert sich. Und er hilft dir, damit es dir besser geht.

Gebet

Gott, du siehst mich. Du weißt alles und du kümmerst dich um mich. Danke dafür! Hilf mir, dir zu vertrauen. Egal, was passiert. Amen.

60

GOTT BREITET SEINE ARME AUS

Ein Vater kümmert sich um seine Kinder
und liebt sie. So und noch viel mehr
kümmert sich Gott um die, die ihm dienen.
Psalm 103,13 (ÜK)

Es war einmal ein Vater, der hatte zwei Söhne. Der Jüngere ging zu seinem Vater und sagte: „Gib mir jetzt schon meinen Anteil an deinem Besitz." Der Vater wurde sehr traurig darüber. Aber er zahlte dem Jüngeren seinen Anteil aus. Der Sohn nahm das Geld und reiste in ein weit entferntes Land. Dort verschwendete er sein Geld und feierte wilde Partys. Doch als das Geld alle war, stand er plötzlich ganz allein da. Keiner wollte mehr etwas mit ihm zu tun haben. Er hatte nicht mal mehr genug zu essen. Also fing der Sohn an, als Schweinehüter zu arbeiten. Er war so hungrig, dass er am liebsten das Schweinefutter gegessen hätte!

Plötzlich erinnerte sich der Sohn an all die Feste, die bei seinem Vater gefeiert wurden. Sogar die Diener seines Vaters hatten immer reichlich zu essen. *Das ist die Idee!*, dachte er. *Ich geh zurück zu meinem Vater! Zwar bin ich nicht mehr gut genug, um sein Sohn zu sein. Aber ich werde ihn bitten, mich als Diener aufzunehmen.*

Der jüngere Sohn machte sich auf den Weg. Viele

Wochen war er unterwegs. Er war noch nicht ganz zu Hause, da sah sein Vater ihn schon von Weitem. Er rannte auf seinen Sohn zu, umarmte und küsste ihn. Der Vater nahm seinen jüngsten Sohn wieder zu Hause auf – nicht als Diener, sondern als seinen Sohn! (nach Lukas 15,11–32).

Genau so wie dieser Vater ist Gott. Wenn wir Dinge tun, die Gott nicht gefallen, führt uns das weit von ihm weg. Doch wenn wir bereit sind, zu Gott zurückzukehren, wartet er mit offenen Armen auf uns.

Das ist wichtig zu verstehen: Wenn du Mist gebaut hast, musst du nicht zuerst alles in Ordnung bringen, bevor du wieder zu Gott zurückkommen darfst. Gott möchte, dass du zu ihm kommst. So, wie du bist! Mit allem Mist. Er möchte dich unbedingt wieder in seine Arme schließen.

Noch etwas ist superwichtig: Gott möchte auch, dass du denselben Mist nicht noch mal machst. Er möchte dich verändern. Er will dir helfen, so zu leben, wie er es gut findet. Weil er dich so sehr liebt.

Jetzt bist du dran!

Willst du Gott mal volle Kanne Danke sagen? Dafür, dass er dich so sehr liebt? Sing mit! „Danke, danke, du bist so gut zu mir!"

61

TIM ODER JIM?

Lasst uns jede Gelegenheit nutzen,
allen Menschen Gutes zu tun.
Galater 6,10 (NL)

Tim und Jim sind so unterschiedlich wie Tag und Nacht.

Tim glaubt, die ganze Welt drehe sich um ihn. Morgens steht er auf und denkt: *Wer bringt mir mein Frühstück?* Wenn auf dem Spielplatz niemand sein Lieblingsspiel spielen will, stampft er mit den Füßen auf und schmollt. Wenn seine Schwester den letzten Keks bekommt, ist er stundenlang sauer.

Tim findet: Alle sollen die Aufgabe haben, ihn glücklich zu machen. Sie sollen tun, was er will. Die ganze Welt soll ständig all seine Wünsche erfüllen. Da das aber fast nie passiert, ist Tim meistens sehr unglücklich.

Jim dagegen steht morgens auf, streckt sich und sagt: „Danke für den schönen Tag, Gott! Bitte zeig mir, wem ich heute helfen kann." Er hilft mit, den Frühstückstisch zu decken. Und Jim möchte auch, dass das Lieblingsspiel von jedem mal gespielt wird. Den letzten Keks gibt er oft seiner Schwester und nimmt sich stattdessen ein Bonbon. Der Nachbarin winkt er meist fröhlich zu. Jim versucht, seinen Mitmenschen jeden Tag ein klein wenig Freude zu machen. Und weißt du was? Jim ist meistens glücklich.

Bist du eher wie Tim? Oder eher wie Jim? Oder hast du von beiden etwas – so wie ein Tim-Jim?

Ich verrate dir ein Geheimnis: Wenn du den ganzen Tag lang darauf wartest, dass die anderen dich glücklich machen, wirst du nur selten froh. Doch wenn du gern anderen hilfst und Freude verschenkst, wirst du jeden Tag kleine – oder große – Freude verspüren.

Mit Freude und Glück ist es wirklich verrückt: Du bekommst viel mehr davon, wenn du sie verschenkst!

Jetzt bist du dran!

Frage Gott, wem du heute helfen kannst. Dann überleg mal: Wen kannst du ermutigen? Wer braucht heute ein bisschen Freude?

62

MACH'S WIE PETRUS!

Immer wenn ich dachte:
„Jetzt ist alles aus!",
halfst du mir liebevoll
wieder auf die Beine.
Nach Psalm 94,18

Kennst du die Geschichte von dem Sturm auf dem See Gennesaret? Die Jünger von Jesus saßen alle in einem Boot und ruderten gerade ans andere Ufer. Da kam plötzlich ein starker Sturm und die zwölf Männer waren in großer Gefahr. Aber auf einmal sahen sie, wie zwischen den hohen Wellen jemand auf sie zukam. *Auf dem Wasser!* War das etwa Jesus?

Da rief Petrus ihm zu: „Jesus, wenn du es wirklich bist, befiehl mir, auf dem Wasser zu dir zu kommen!" (Matthäus 14,28). „Komm!", sagte Jesus. Petrus stieg einfach aus dem Boot und setzte seinen Fuß auf das Wasser! Ein Schritt, zwei Schritte, drei Schritte – Petrus lief tatsächlich auf dem Wasser!

Die Bibel verrät uns nicht ganz genau, was dann passierte. Vielleicht bekam Petrus einen Wasserschwall ins Gesicht oder es kam eine besonders starke Windböe. Aus irgendeinem Grund blickte Petrus plötzlich nur noch auf den Wind und die Wellen – und nicht mehr auf Jesus. Die

Wellen waren wirklich riesig! Petrus' Angst wurde größer als sein Vertrauen zu Jesus. Und da begann Petrus zu sinken.

Große Probleme fühlen sich manchmal an wie hohe Wellen mitten auf dem großen, weiten Meer. Vielleicht hast du das auch schon erlebt: Du denkst, du versinkst in der Angst oder in der Traurigkeit – weil du geärgert wirst, weil jemand Liebes gestorben ist. Oder weil du in eine neue Schule musst oder deine Eltern sich trennen. Manchmal werden auch aus vielen kleinen Problemen riesige Wellen: zum Beispiel, wenn du die Hausaufgaben vergessen hast, dich eine Freundin enttäuscht und du dann auch noch bei einem Spiel verlierst.

Wenn die Probleme mächtig werden, schau auf Jesus. Schau auf ihn, nicht auf dein Problem. Falls du doch plötzlich auf das Problem starrst und dann Angst bekommst: Tu dasselbe wie Petrus. Ruf einfach: „Jesus, rette mich!" (Matthäus 14,30).

Jesus hat Petrus nicht im Stich gelassen. Er fasste Petrus bei der Hand und zog ihn mit sich ins Boot. Dort war Petrus sicher und geborgen. Und Jesus wird auch dir helfen, nicht in den Problemen unterzugehen!

Jetzt bist du dran!

1. Sammele ein paar Steine.
2. Bastele aus Stöcken oder Hölzchen ein Kreuz.
3. Stelle oder lege das Kreuz gut sichtbar hin.
4. Jeder darf seine „Sorgen-Steine" am Kreuz ablegen. Gebt Gott laut oder leise eure Sorgen ab.

63

SPEZIALAGENT: DU!

Wo Gott ist, hört die Freude nie auf.
Nach Psalm 16,11

Die religiösen Anführer beschuldigten Jesus heftig. Sie sagten: „Dieser Mensch isst mit schlechten Menschen an einem Tisch! Er unterhält sich mit Dieben und mit den Feinden von uns Juden! Und dann ist er auch noch nett zu miesen Leuten!" Die religiösen Anführer hatten recht. All das tat Jesus wirklich.

Doch weißt du was? Keiner sagte: „Jesus ist ein Nörgelheini" oder: „Der ist ein Griesgram". Und keiner nannte Jesus „eingebildeter Gockelhahn" oder „Stänkerfritzchen". Jesus hat nie rumgenörgelt. Er hatte keine schlechte Laune. Eingebildet war er nie. Und rumgestänkert und geärgert hat er auch keinen. Jesus war gern mit den unterschiedlichsten Leuten zusammen. Er ging auf Hochzeiten und Partys. Es machte ihm Freude, mit anderen zu essen oder mit seinen Freunden fischen zu gehen.

Eins ist sicher: Es machte Spaß, mit Jesus Zeit zu verbringen. Aber nicht, weil er die besten Witze kannte oder lustige Geschichten erzählte. Sondern: Weil für Jesus jeder Mensch wichtig war. Er war immer aufmerksam. Er hörte immer interessiert zu, wenn jemand ihm was erzählte. Jesus tat nie so, als wäre er der supertollste

Mensch der Welt. Er wollte niemals der Beliebteste sein. Nein! Jesus machte sich auch unbeliebt. Wenn jemand sich falsch verhalten hatte, sprach er das an. Jesus forderte alle Menschen auf: „Tut, was Gott von euch möchte!" Jesus war Gottes Sohn, ja. Aber Jesus tat nicht so, als wäre er etwas Besseres.

Jesus hatte damals wie auch heute den Auftrag: den Menschen Freude und Hoffnung zu bringen. Er wünscht sich, dass du mitmachst – du sollst sein Spezialagent werden! Dazu brauchst du keinen Ausweis. (Du kannst dir natürlich gerne einen basteln!) Du brauchst auch kein Auto oder Flugzeug. Du brauchst einfach nur ein offenes Herz. So wie Jesus. Das heißt: Anstatt nur an dich zu denken, versuch's mal mit Teilen. Überlege, wie du anderen etwas geben kannst, bevor du dich selbst bedienst. Gib dir ehrlich Mühe, freundlich zu sein und zuzuhören. Mit anderen Worten: Versuche, die Menschen so zu lieben, wie Jesus es tat – und wie er es immer noch tut.

Jetzt bist du dran!

Bastele dir einen Spezialagenten-Ausweis. Denn du bist Gottes Spezialagent! Du bist auf einer wichtigen Mission! Steck den Ausweis ein. Er soll dich daran erinnern: Gott braucht dich, um Liebe und Freude zu den Menschen zu bringen.

64

„GLAUBST DU AN MICH?“

Jesus sagte: „Ich bin die Auferstehung und das Leben.“
Johannes 11,25 (NL)

Schon vor Tagen hatte Marta eine Nachricht an Jesus geschickt: „Lazarus – mein Bruder und dein guter Freund – ist sehr krank!“ Marta war sich sicher: Wenn Jesus jetzt da wäre, könnte er ihren Bruder heilen! Aber Jesus kam nicht. Und nun war Lazarus tot. Er lag schon seit vier Tagen in einem verschlossenen Grab. Marta war unfassbar traurig.

Dann hörte Marta: Jesus kommt! Schnell lief sie ihm entgegen. „Jesus! Wärst du hier gewesen, dann wäre mein Bruder nicht gestorben! Aber ich weiß trotzdem: Gott wird dir alles geben, worum du ihn bittest.“ Jesus sagte zu Marta: „Dein Bruder wird auferstehen!“ (siehe Johannes 11,21–23).

Marta wusste nicht, wie Jesus ihren Bruder wieder lebendig machen wollte. Doch sie wusste, wer Jesus ist. Sie vertraute seiner Liebe. Sie glaubte an seine Macht. Jesus fragte Marta: „Glaubst du an mich?“ – „Ja, Jesus“, antwortete Marta. „Ich glaube ganz fest, dass du der Sohn Gottes bist.“

Jesus ging zum Grab seines Freundes Lazarus. Viele Menschen waren dort versammelt. „Rollt den Stein vom Grab weg!", befahl er. Dann betete er zu Gott. Anschließend rief Jesus mit lauter Stimme: „Lazarus, komm heraus!" (Vers 43).

Alle Leute blickten gespannt auf den Eingang des Grabes. Bestimmt hielten Marta und ihre Schwester Maria den Atem an. Vielleicht hörten sie auch ein leises Rascheln und Schlurfen ... und dann – kam Lazarus aus dem Grab! In diesem Moment wusste Marta: Alles, was sie über Jesus glaubte, stimmte!

Du musst kein Superheld im Glauben sein. Du musst nicht verstehen, wie Jesus seine Taten vollbringt. (Ich verstehe das auch nicht.) Sondern: Du musst nur glauben, dass Jesus der Sohn Gottes ist. Deshalb kann er mächtige Dinge tun. Vertraue Jesus. Er wird auch in deinem Leben wunderbare Dinge tun!

Jetzt bist du dran!

Was fällt dir schwer zu glauben? Was fällt dir leicht zu glauben? Gibt es Sachen, die du Jesus nicht zutraust? Sprich mit ihm darüber! Bete: „Jesus, bitte hilf mir, dass mein Glaube an dich immer größer wird. Amen."

65

DU BIST JESUS SUPERWICHTIG

Jesus sagte: „Lasst die Kinder zu mir kommen!"
Matthäus 19,14 (NL)

Fühlt es sich für dich manchmal so an, als wären Kinder nicht so wichtig wie Erwachsene? Vielleicht beachten sie dich nicht oder tun so, als wärst du gar nicht da. Oder vielleicht vermitteln sie dir auch: Du stehst ihnen im Weg.

Es kann schon sein, dass manche Leute so denken. Vielleicht versuchen manche wirklich, dich wegzuschieben – nur weil du jünger bist. Aber Jesus tut das nicht! In der Bibel gibt es eine Geschichte, die das beweist:

Eines Tages erzählte Jesus den Menschen wieder von Gott. Auch viele Mütter und Väter waren da – sie hatten ihre kleinen Kinder mitgebracht. Die Eltern hofften, dass Jesus die Kinder beachten würde. Sie wünschten sich, dass Jesus ihre Kinder segnete und für sie betete. Die Jünger von Jesus beobachteten, wie die Eltern mit ihren Kindern immer näher an Jesus herankamen. „Stopp!", riefen sie. „Jesus hat keine Zeit! Er hat so viel zu tun und ist so wichtig! Er hat keine Zeit für Kinder."

Aber Jesus sagte: „Doch! Ich habe Zeit! Lasst die Kinder zu mir kommen! Haltet sie nicht zurück! Denn Menschen wie ihnen gehört Gottes himmlisches Reich" (siehe Matthäus 19,14). Jesus forderte seine Freunde auf: Schickt die Kinder nicht weg! Und dann sagte er noch was sehr Wichtiges, nämlich: Gott wendet sich den Menschen zu, die so sind wie Kinder. Das bedeutet: Jesus möchte Menschen bei sich haben, die nicht so wichtig tun. Also Menschen, die nicht denken: „Ich bin besser und wichtiger und schlauer als die anderen." Nein, Jesus möchte Menschen um sich haben, die ihn lieben und ihm vertrauen.

Ja, es stimmt: Manche Leute haben keine Zeit für dich, weil du ein Kind bist. Sie denken vielleicht, du bist nicht so wichtig. Doch Jesus tut das nicht. Niemals! Er nimmt sich viel Zeit für dich, weil du ihm superwichtig bist – und weil er dich so sehr lieb hat!

Jetzt bist du dran!

Verbringe Zeit mit jemandem, der jünger ist als du. Spiele mit einem kleineren Kind. Lies ihm ein Buch vor. Hör ihm aufmerksam zu. Vor allem aber: Sei genauso lieb zu ihm, wie Jesus dich lieb hat!

66

EIN GOTT, DER SOOOO GUT IST!

Hört nicht auf zu beten!
1. Thessalonicher 5,17 (NL)

Einmal erzählte Jesus eine Geschichte über das Beten. In dieser Geschichte erfahren wir, warum wir nie aufhören sollen zu beten. Jesus fing an:

Hört gut zu. Es war einmal ein Richter. Er war kein guter Richter. Für Gott interessierte er sich nicht. Dem Richter war es egal, ob er das Richtige oder das Falsche tat. Und ihm war auch egal, was die Leute über ihn dachten.

In derselben Stadt lebte auch eine Witwe. Sie war von einem Mann betrogen worden. Darum kam sie immer wieder zum Richter. Sie verlangte von ihm: „Hilf mir! Du musst das falsche Handeln des Mannes bestrafen!“ Doch der Richter wollte ihr nicht helfen. (Du weißt ja, er war kein guter Richter.) Trotzdem kam die Witwe immer wieder. Wenn er das Gerichtsgebäude betrat, war sie da. Wenn er zum Mittagessen hinausging, war sie da. Den ganzen Nachmittag lang schaute sie ihn aus den hintersten Reihen des Gerichtssaals an. Wenn der Richter mal kurz vor die Tür trat, um frische Luft zu schnappen, stand sie schon da. Der Richter war genervt. Er versuchte, sich nach dem Arbeitstag durch die Hintertür hinauszuschleichen. Doch die Witwe fand ihn trotzdem. Und jedes Mal, wenn die Witwe ihn traf, sagte sie: „Hilf mir, mein Geld wieder zurückzubekommen!"

Allmählich ging die Witwe dem Richter richtig auf die Nerven. Er wollte sie loswerden. Aber sie gab einfach nicht auf! Schließlich kapierte er es und grummelte: „Ich kann sie nur loswerden, wenn ich ihr gebe, was sie will." Also tat er es. Nicht, weil er gerecht handeln wollte. Sondern bloß, weil die Frau den Richter sonst nie in Ruhe gelassen hätte!

Jesus war mit seiner Geschichte fertig. Nun erklärte er seinen Jüngern, was die Geschichte bedeutete: „Dieser schlechte Richter hat am Ende das Richtige getan. Warum? Einfach nur, weil er endlich seine Ruhe haben wollte vor dieser Frau! Stellt euch nun vor, was ein guter Gott tut, der euch liebt – er tut noch viel, viel mehr Gutes!"

Gott wird sich nie die Ohren zuhalten, wenn du mit ihm sprichst. Er wird sich nie durch die Hintertür davonschleichen wie dieser Richter. Wenn du zu Gott betest, hört er dir immer zu. Er wird dir immer helfen. Und er wird immer das Richtige tun!

Jetzt bist du dran!

Für welche wichtige Sache möchtest du Gott bitten? Bete jeden Tag dafür. Damit du es nicht vergisst, bastele dir einen Gebetsmagneten: Schreibe dein Anliegen auf ein Kärtchen. Hinten klebe einen kleinen Magneten dran. Du kannst auch eine kleine Klammer hinten drankleben – und dein Gebet dann irgendwo sichtbar anklammern.

67

ZWEI KLEINE MÜNZEN

Jesus sagte: „Glücklich sind die Menschen, die Gottes Wort hören und danach leben."
Lukas 11,28 (ÜK)

Eines Tages saß Jesus mit seinen Jüngern im Tempel – in der Nähe des Spendenkastens. Die Leute warfen dort ihre Geldgeschenke für Gott ein.

Manche reichen Leute kamen und warfen mehrere Handvoll Münzen ein. KLING! KLANG! KLIMPER! Alle hörten es und schauten, wer Gott denn da so großzügig Geld gab. Andere Menschen, die nicht so reich waren, warfen ebenfalls Münzen ein. *Kling, klang, pling.* Ein paar Leute hoben den Kopf und sahen es. Auch eine alte Witwe kam. Sie streckte leise ihre Hand aus und ließ zwei winzige Münzen in den Kasten fallen. Sie waren weniger wert als fünf Cent. Es gab kein Klimpern und kein Klirren. Keiner sah sie, keiner hörte etwas. Außer Jesus.

Jesus sagte zu seinen Jüngern: „Diese arme Witwe hat mehr gegeben als alle anderen. Denn alle anderen haben nur einen winzigen Bruchteil von ihrem Überfluss abgegeben. Doch diese arme Frau hat alles gegeben, was sie besaß" (siehe Markus 12,43–44).

Gott gab den Menschen die Anweisung: „Gebt von eurem Geld und eurem Besitz etwas ab." Die arme Witwe hatte nicht viel zu geben. Aber sie vertraute auf Gott und gehorchte ihm. Keiner sah es, keiner interessierte sich für sie. Außer Jesus.

Das liegt daran, dass Jesus alle Kleinigkeiten sieht, die du vertrauensvoll tust – Dinge, die ihm gefallen und die er wichtig findet. Er sieht es, wenn du die Wahrheit sagst, obwohl es einfacher gewesen wäre zu lügen. Er sieht es, wenn du stehen bleibst, um zu helfen, obwohl es leichter gewesen wäre, einfach weiterzulaufen. Er sieht es, wenn du für einen Freund betest, nett zu einem schwierigen Mitschüler bist oder einer Nachbarin hilfst.

Die Bibel verrät uns nicht, wie es mit der armen Witwe weiterging. Aber ich glaube, sie traf auf ihrem Heimweg eine gute Freundin, die zu ihr sagte: „Ich lade dich heute zum Essen ein!“ Denn Jesus sieht – und segnet – die Menschen, die ihm gehorchen.

Jetzt bist du dran!

Bekommst du schon Taschengeld? Falls ja, überleg doch mal, wie viel du davon diese Woche spenden könntest – und wer das Geld gut gebrauchen könnte. Du weißt ja: Jesus sieht es auch, wenn man ganz kleine Dinge abgibt.

68

DER ALLERBESTE BRUDER

Jesus sagte: „Ich habe euch ausgewählt!“
Nach Johannes 15,16

Mein großer Bruder hat mich früher viel geärgert. *Extrem viel.* Wenn du einen Bruder oder eine Schwester hast, weißt du bestimmt, wovon ich rede. Mein Bruder heißt Dee. Und Dee war erst dann zufrieden, wenn er meinen Tag so richtig vermiest hatte.

Doch ein einziges Mal machte er meinen Tag *fantastisch!*

Es war an einem heißen, sonnigen Sommertag. Meine Mutter hatte Dee gebeten, auf mich aufzupassen. Er durfte in den Park gehen, um mit seinen Kumpels Baseball zu spielen – aber nur, wenn er mich mitnahm. Dee schimpfte und meckerte und stampfte wütend mit den Füßen. Aber dann gab er nach. Auf keinen Fall wollte er seinen Baseballtreff verpassen!

Also gingen wir in den Park. Dort wurden die Mannschaften gewählt. Ich stand ganz hinten und mir war klar, dass ich dort bis zum Schluss stehen würde. Niemand wollte Dees kleinen Bruder in der Mannschaft haben.

In diesem Moment geschah ein Wunder. Ich glaube, die Engel im Himmel haben dabei gejubelt. *Denn mein Bruder wählte mich!* Zwar nicht gleich als Ersten, aber ich war bei Weitem nicht der Letzte, dessen Name genannt wurde.

Als ich meinen Namen hörte, traute ich meinen Ohren nicht. „Waaas, ich?"

„Ja, du", gab mein Bruder zurück und tat ganz cool. Da marschierte ich an all den anderen vorbei, die noch nicht aufgerufen worden waren, und stellte mich stolz neben meinen großen Bruder. Neben den Helden, der mich ausgesucht hatte.

Nicht wegen meiner Baseballkünste hatte Dee mich ausgesucht, sondern einfach, weil ich sein kleiner Bruder war.

Wenn du dich entscheidest, Jesus zu vertrauen, nimmt Gott dich als sein eigenes Kind an (siehe 1. Johannes 3,1). Damit ist Jesus dein großer Bruder – denn Jesus ist ja Gottes Sohn. Und wenn dann mal Mannschaften gewählt werden, nimmt Jesus immer dich mit rein. „Ja, du!", sagt er. „Dich will ich in meiner Mannschaft haben!"

Jetzt bist du dran!

Das nächste Mal, wenn du eine Mannschaft zusammenstellen darfst, mach Folgendes: Rufe das Kind auf, das sonst immer als letztes genannt wird. Rufe es als erstes auf und nimm wahr, wie sehr es sich freut!

Und merk dir diesen Satz: „Ich gehöre in Gottes Team – immer!"

69

HALLO, MEIN NÄCHSTER!

Alles, was ihr tut, sollt ihr mit Liebe tun.
Denkt daran, wie sehr Jesus euch liebt!
Nach Epheser 5,2

Alle Gebote von Gott, die in der Bibel stehen, lassen sich in zwei Geboten zusammenfassen. Das erste Gebot heißt: Liebe Gott von ganzem Herzen! Das zweite Gebot lautet: Liebe deinen Nächsten!

Als Allererstes sollen wir Gott lieb haben. Denn Gott ist so wunderbar! Er hat dich und mich geschaffen. Und er liebt uns unendlich. Und das zweite Gebot? Ich soll meinen Nächsten lieben – aber wer ist mein Nächster? Die Nachbarin, die nebenan wohnt? Der schwierige Mitschüler? Der Mann neben mir im Bus? Jesus bekam einmal genau diese Frage gestellt. Daraufhin erzählte er folgende Geschichte:

Ein jüdischer Mann war unterwegs in eine andere Stadt. Da wurde er plötzlich von Räubern überfallen. Sie schlugen ihn zusammen und klauten alle seine Sachen. Dann ließen sie ihn einfach im Dreck liegen. Kurz darauf kam ein jüdischer Priester vorbei. Er sah den Mann, hielt aber nicht an, um zu helfen. Als Nächstes kam ein Tempeldiener vorbei.

Auch er half dem Mann nicht. Dann sah ihn ein Ausländer – ein Samariter –, der ebenfalls vorbeikam. Der Samariter hatte Mitleid mit dem Mann, obwohl Samariter und Juden sich damals hassten! Er verband dem Mann vorsichtig die Wunden. Dann setzte er ihn auf seinen Esel. Der Samariter brachte ihn zu einer Herberge ganz in der Nähe. Dort gab er dem Gastwirt Geld, damit er den Verletzten versorgte. (frei nach Lukas 10,30–35)

Als Jesus seine Geschichte beendet hatte, fragte er: „Wer von den dreien war nun also der Nächste für den Mann, der von Räubern überfallen wurde?"

Dieselbe Frage stellt Jesus auch uns: Wer war ein guter Mitmensch für den Verletzten? Der, der ihm geholfen hat, stimmt's?

Um uns herum betonen die Menschen ständig die Unterschiede: Wir sehen unterschiedlich aus. Wir sprechen unterschiedliche Sprachen. Wir kommen aus unterschiedlichen Heimatorten. Doch Jesus sagt: „Seht her! Alle sind von Gott geliebt!" Deshalb ist jeder Mensch dein Nächster. Dein Mitschüler, die Nachbarin, die Kassiererin im Supermarkt, die Leute im Bus, der Obdachlose an der Ecke ... Deshalb sollen wir uns alle Mühe geben, aufeinander achtzugeben und uns gegenseitig zu helfen.

Jetzt bist du dran!

Hier findest du zur Geschichte vom guten Samariter ein tolles Ausmalbild zum Ausdrucken:

70

GOTT ANTWORTET DIR

Gott sagt: „Ruf mich, dann will ich dir antworten!"
Jeremia 33,3 (NL)

Ich liebe den blauen Himmel und Regenbögen. Ich liebe fröhliche Tage und Lachen. Und ich liebe es, wenn meine Familie und Freunde glücklich sind. Du auch? Aber manchmal sind wir unglücklich: Es gibt Streit, Krankheit, Angst und Traurigkeit. Was kann man da tun? Beten!

Gott hat versprochen, dein Gebet zu beantworten. Jedes einzelne Gebet! Manchmal wird er mit Ja antworten und dir genau das geben, worum du gebeten hast. Andere Male wird er mit Nein antworten und du weißt nicht warum. Aber du darfst darauf vertrauen, dass er das tut, was für dich am besten ist. Manchmal sagt Gott auch: „Jetzt noch nicht, aber ich arbeite dran!" Auf jeden Fall antwortet Gott! Auch wenn du seine Antwort nicht sofort erfährst. So ging es auch einem Vater, der sich Sorgen um seinen Sohn machte:

Jesus war in die Stadt Kana gekommen. Ein königlicher Beamte erfuhr, dass Jesus dort war. Er selbst wohnte in Kapernaum – das war ein ganzer Tagesmarsch von Kana entfernt. Dieser Beamte hatte einen Sohn, der sehr krank war. Der Beamte wusste, dass er Hilfe von Jesus brauchte. Also machte er sich eilig auf den Weg nach Kana.

Als er Jesus fand, flehte er ihn an: „Jesus, bitte komm mit nach Kapernaum! Heile meinen kranken Sohn!" Aber Jesus sagte: „Geh zurück nach Hause! Dein Sohn lebt!" (Johannes 4,50).

Der Mann vertraute Jesus und machte sich auf den Heimweg. Als er zu Hause ankam, war sein Sohn tatsächlich geheilt! Seine Diener berichteten ihm, wann der Junge gesund geworden war – es war genau der Moment gewesen, in dem Jesus zu dem Beamten gesprochen hatte! Der Beamte und alle in seinem Haus glaubten nun an Jesus, Gottes Sohn.

Ist dir in dieser Geschichte etwas zum Thema Gebet aufgefallen? Jesus tat nämlich nicht genau das, worum der Beamte gebeten hatte. Er kam nicht zum Haus des Beamten. Und der Mann sah nicht sofort, was Jesus gesagt hatte. Nein, er musste zuerst den weiten Weg nach Hause laufen – und bei jedem Schritt darauf vertrauen, dass Jesus seine Bitte erhört hatte. Jesus hat dem Beamten geantwortet. Und er wird auch auf deine Gebete antworten!

Jetzt bist du dran!

Probiert das Gummibärchen-Gebet aus! Gummibärchen werden in die Mitte gelegt, ein Tuch darüberlegen. **Rot** bedeutet: Gott für etwas danken. **Gelb**: Fürbitte für einen bestimmten Menschen. **Grün**: Gott loben („Gott, du bist so groß, so genial, der Schöpfer ..."). **Orange**: Fürbitte für ein anderes Land. **Weiß**: für mich selbst um etwas bitten. Jetzt zieht jeder nacheinander ein Bärchen und betet laut oder leise. Dabei isst er sein Gummibärchen – während der Nächste an der Reihe ist.

71

EINE ZWEITE CHANCE

Seid nicht nachtragend, wenn euch jemand unrecht getan hat. Vergebt einander, so wie Gott euch auch vergeben hat.

Nach Kolosser 3,13

Zachäus war ein kleiner Mann. Sein Körper war nicht sehr groß. Aber in einer Sache war er ziemlich groß: wenn es darum ging, Steuern einzusammeln. Zachäus war ein großer Steuereintreiber.

Niemand von den Juden mochte Zachäus. Zachäus war zwar selbst ein Jude, aber er arbeitete für die Römer. Und die Römer herrschten damals über das jüdische Volk. Zachäus sammelte von den Juden die Steuern ein und gab das Geld dem römischen Herrscher. Doch Zachäus verlangte oft noch ein zusätzliches „Steuergeld“ von den Leuten. Und das behielt er dann für sich! Zachäus wurde ein sehr reicher Mann, weil er sein eigenes Volk betrog und ungerecht behandelte. Klar, dass keiner ihn mochte!

Eines Tages kam Jesus in die Stadt. Zachäus wollte ihn unbedingt sehen. Da er jedoch so klein war, konnte er nichts sehen, denn alle um ihn herum waren ja viel größer. Darum kletterte Zachäus auf einen Baum. Als Jesus vorbeilief, schaute er den Baum hinauf und sagte:

„Zachäus! Komm schnell herunter! Denn ich muss heute Gast in deinem Haus sein!“ (Lukas 19,5).

Das fand Zachäus wunderbar, aber den anderen Leuten gefiel das gar nicht. „Zachäus ist doch ein schlechter Mensch!“, schimpften sie.

Zachäus hörte das Geschrei der Leute. Er sagte zu Jesus: „Ich werde die Hälfte meines Reichtums den Armen geben. Und wen ich bei der Steuer betrogen habe, dem werde ich das Vierfache zurückgeben!“ (Vers 8). Zachäus wollte sein Leben ändern. Die Begegnung mit Jesus gab ihm den Mut dazu.

Die anderen Leute wollten Zachäus an diesem Tag keine Chance geben, neu anzufangen. Aber genau darum kam Jesus auf diese Erde: um all denen eine neue Chance zu geben, die das möchten.

Bist du auch bereit, jemandem eine neue Chance zu geben? Jemandem, der dich belogen oder geärgert oder enttäuscht hat? Denk dran: Wenn du eine neue Chance brauchst, gibt Jesus sie dir – immer wieder!

Jetzt bist du dran!

Gibt es jemanden, dem du vergeben solltest? Bete für diese Person. Bitte Gott, sie zu segnen. Es ist schwer, jemanden zu hassen, für den man betet.

72

ZEIT MIT JESUS

Sucht die Nähe Gottes!
Dann wird er euch nahe sein.
Jakobus 4,8 (Hfa)

Was bedeutet für dich *Erfolg*? Der Beliebteste in der Klasse zu sein? Die meisten Tore zu schießen? Ein Solo im Chor zu singen? Oder eine super Note zu bekommen?

Für Marta bedeutete Erfolg: eine perfekte Party zu veranstalten. Gerade eben waren Jesus und seine Jünger in die Stadt gekommen – in *ihr* Haus! *Gottes Sohn* wollte bei ihr zu Abend essen! Dazu noch seine Jünger. Bestimmt hatten alle schon Hunger.

Marta flitzte in ihrer Küche hin und her. Wie sollte sie das Lamm zubereiten? Hatte sie genug Brot da? Marta schnippelte und rührte. Doch vor allem grummelte sie leise vor sich hin.

Aber warum? Weil sie die ganze Arbeit allein machte, während ihre Schwester Maria nur rumsaß! Na gut, sie saß da und hörte Jesus zu. Aber trotzdem saß sie rum! Marta wurde immer wütender, bis sie es nicht mehr aushielt. „Jesus“, rief sie. „Ist es dir egal, dass meine Schwester mich mit der ganzen Arbeit allein lässt? Sag ihr, dass sie mir helfen soll!“

Jesus sah Marta liebevoll an. Dann sagte er zu ihr: „Eigentlich ist nur eine Sache jetzt wirklich wichtig. Maria hat erkannt, was das ist – und ich werde es ihr nicht wegnehmen" (nach Lukas 10,40–42).

Marta wollte für Jesus und die Jünger kochen. Das war nicht falsch! Aber manchmal ist eine Sache wichtiger als die andere. Zeit mit Jesus zu verbringen war jetzt wichtiger, als in der Küche herumzuwuseln. Das hatte Maria erkannt.

Martas war sicher eine gute Köchin. Tolle Solos singen oder trainieren, um ein prima Fußballspieler zu werden: alles gute Sachen! Erfolgreich sein und Ziele erreichen, das ist was Gutes. Aber es gibt noch etwas, das viel wichtiger ist: Zeit mit Jesus zu verbringen.

Gebet

Jesus, im Alltag werde ich so schnell abgelenkt von dir. Hilf mir, nicht zu vergessen, immer wieder Zeit mit dir zu verbringen. Amen.

73

MACH ES JESUS NACH!

Jesus sagte: „Ich, euer Meister, hab euch gerade die Füße gewaschen. Genauso sollt auch ihr einander die Füße waschen. Ich habe euch ein Beispiel gegeben. Macht es mir nach!“

Nach Johannes 13,14–15

Es war der Abend, bevor Jesus sterben musste. Die Jünger von Jesus wussten das aber nicht. Sie hatten sich mit Jesus zum Passahfest versammelt – das war ein wichtiges jüdisches Fest. Ihre Füße waren staubig, weil sie den ganzen Tag durch die Stadt gelaufen waren. Es gab keinen Diener, der ihnen die Füße wusch. Und keiner der Jünger wollte den anderen die Füße waschen. Dazu waren sie sich viel zu schade.

Dann, während sie schon aßen, stand Jesus auf. Er zog sein Obergewand aus, nahm ein Handtuch und wickelte es um seine Hüfte. Anschließend füllte er Wasser in eine Schüssel und kniete sich vor den ersten Jünger hin. Er wusch ihm die Füße, trocknete sie mit dem Handtuch ab und ging dann zum nächsten Jünger.

Die Jünger trauten ihren Augen nicht! Was tat Jesus da? Jesus war doch viel zu wichtig, um ihre Füße zu waschen! Nur Diener taten solche unbeliebte Arbeit! Aber Jesus machte weiter. Er – der Sohn Gottes – wusch seinen

Freunden die Füße! Als er fertig war, zog Jesus sein Obergewand wieder an und setzte sich hin. Nun stellte er seinen Jüngern eine Frage: „Versteht ihr, was ich da gerade getan habe? Ich, euer Meister, habe jedem von euch die Füße gewaschen. Genauso sollt ihr es auch tun: euch gegenseitig die Füße waschen. Ich habe euch ein Beispiel gegeben, dem ihr folgen sollt. Tut, was ich für euch getan habe!" (siehe Johannes 13,12–15).

Jesus tat, was ein Diener tat. Dienen heißt: jemandem helfen, aber auch: sich unterordnen und sich für jemanden einsetzen. Genau dazu war Jesus auf die Erde gekommen. Jesus diente den Menschen: Er setzte sich voll und ganz für sie ein. Er half ihnen, er tröstete sie, er heilte sie, er wusch dreckige Füße. Er starb am Ende sogar freiwillig für die Menschen! Jesus war bereit, auch die unbeliebtesten Arbeiten zu erledigen – anderen die Stinkefüße sauber zu machen. Er hätte ganz bestimmt auch freiwillig die Spülmaschine ausgeräumt, oder? Jedenfalls sagt Jesus auch zu uns: „Macht es mir nach!"

Jetzt bist du dran!

Gibt es etwas, was keiner von euch gerne macht? Wie wäre es, wenn du es heute übernimmst? Zum Beispiel den Müll rausschaffen oder das Katzenklo sauber machen?

74

JESUS WEISS ES SCHON LÄNGST

Gott hat uns seine unfassbar große Liebe gezeigt: dadurch, dass Jesus für uns fehlerhafte Menschen starb.

Nach Römer 5,8

Die Jünger saßen gemeinsam am Tisch. Es war ihre letzte gemeinsame Mahlzeit mit Jesus. Aber nur Jesus wusste das.

Noch in dieser Nacht sollte Jesus verhaftet werden. Am nächsten Tag würde er an ein Holzkreuz genagelt werden. Auch davon wussten die Jünger nichts. Nur Jesus wusste es.

Noch ein paar andere Sachen wusste Jesus bereits vorher:

* Einer seiner Freunde würde Jesus an seine Feinde ausliefern.
* Drei seiner Freunde würden in dieser Nacht einschlafen – trotz der Bitte von Jesus: „Bleibt wach und betet für mich!"
* Alle Jünger von Jesus würden weglaufen und ihn verlassen.

All das wusste Jesus. Trotzdem schimpfte er nicht mit ihnen. Stattdessen nahm Jesus eine Schüssel – und wusch seinen Jüngern die Füße. *Allen* seinen Jüngern. Auch dem, der Jesus verraten würde. Auch den drei Freunden, die später einschlafen würden. Obwohl Jesus wusste, dass *alle* weglaufen würden, wusch er *allen* die Füße.

Noch in dieser Nacht wurde Jesus verhaftet. Und obwohl seine Jünger versprochen hatten, Jesus niemals zu verlassen, liefen sie alle weg. Die Freunde von Jesus hatten Angst, selbst verhaftet zu werden. Doch als sie fortgerannt waren und zu Boden sanken – was meinst du, was sie da sahen? Ihre Füße! Dieselben Füße, die Jesus vor ein paar Stunden gewaschen hatte.

Jesus hatte gewusst, dass alle seine Freunde weglaufen würden. Er wusch ihnen die Füße, um ihnen zu zeigen, dass er ihnen bereits vergeben hatte.

Hast du schon mal gedacht: „Ich hab was so Schlimmes getan, das Jesus mir nie vergeben wird!"? Falls ja, sage ich dir: Das stimmt nicht. Denn Jesus weiß es schon. Er hat es schon im Voraus gewusst. Und genauso wie seinen Jüngern hat er auch dir bereits seine Vergebung angeboten. Du brauchst nur noch „Danke" zu sagen.

Jetzt bist du dran!

Jesus bietet dir Vergebung an – immer! „Er wirft alle unsere Fehler ins tiefste Meer", heißt es in der Bibel (Micha 7,19). Jesus wirft deine Fehler dorthin, von wo sie niemand mehr zurückholen kann. Vielleicht magst du dazu ein Bild malen?

75

JESUS BETET FÜR DICH

Jesus kann alle retten,
die durch ihn zu Gott kommen.
Denn er lebt ewig und wird sich
vor Gott für sie einsetzen.
Nach Hebräer 7,25

Jesus betete für seine engsten Freunde. Noch bevor er ihnen zurief: „Komm, folgt mir nach!", betete Jesus eine ganze Nacht lang für sie (Lukas 6,12). Jesus betet auch für Petrus (Lukas 22,32). Denn Jesus wusste, dass sein Freund bald behaupten würde: „Ich kenne Jesus gar nicht!" Und bevor Jesus verhaftet wurde – kurz bevor er seine Freunde verlassen würde – bat er Gott um Schutz für sie (Johannes 17,11–15). Er bat Gott darum, dass seine Freunde immer zusammenhalten (Vers 11).

Auch für dich betet Jesus! Er betet immer für dich. Was heißt das? Es heißt, dass Jesus mit Gott, dem Vater im Himmel, spricht – über dich und über das, was dich bewegt. Jesus sitzt im Himmel direkt neben Gott und bittet ihn, dir zu helfen (Hebräer 7,25). Und wenn du mal was falsch gemacht hast, setzt sich Jesus für dich ein! (1. Johannes 2,1). Er geht zu Gott und sagt: „Der Leo bzw. die Lisa ist dein geliebtes Kind. Wir müssen ihm/ihr helfen. Bitte vergib, wo er/sie was falsch gemacht hat."

Wenn du vor einem Scherbenhaufen sitzt oder wenn du dich gestritten hast oder Angst hast – oder einfach alles schiefgeht: Jesus ist da! Er sieht dich und er betet für dich. Er bittet Gott, dir das zu geben, was du brauchst. Du musst nicht allein den Scherbenhaufen aufräumen. Er lässt dich nicht allein, wenn du dich mit deinem Freund versöhnst oder Probleme lösen musst. Jesus ist der beste Fürsprecher, den man haben kann! Er ist noch besser als jeder Klassensprecher! Jesus setzt sich immer für dich ein. Er ist absolut vertrauenswürdig, fair und freundlich zu dir. Immer!

Stell dir mal vor: Du hattest einen richtig blöden Tag. Alles ging schief. Jesus sieht das und sagt zu Gott: „Papa, kannst du bitte einen Segen für _____ runterschicken?" Oder: „Papa, schau, _____ braucht heute besonders deine Hilfe!" Oder: „Papa, könntest du _____ heute einen lieben Freund vorbeischicken?"

Du darfst dir ganz sicher sein: Wenn Jesus betet, hört der ganze Himmel zu.

Jetzt bist du dran!

Denk mal darüber nach: Welche Aufgaben hat ein Klassensprecher? Wie sollte sich ein guter Klassensprecher verhalten? Jesus ist noch viel mehr! Nämlich dein persönlicher Fürsprecher!

76

ZUTRITT NICHT MEHR VERBOTEN!

Nichts kann uns von Gottes Liebe trennen.
Nach Römer 8,38

Als vor sehr langer Zeit in Jerusalem der Tempel gebaut wurde, befahl Gott den Arbeitern: „Hängt im Inneren einen Vorhang auf!“ Dieser Vorhang war kein gewöhnliches Stück Stoff wie die Gardinen und Vorhänge an unseren Fenstern. Der Vorhang war aus Leinen gewebt und mit blauer und roter Wolle bestickt (2. Chronik 3,14). Er war so dick wie deine Hand, zwanzig Meter lang und zehn Meter breit. Das war wie eine dicke Wand – nur aus Stoff! Dieser gewaltige Vorhang sollte den heiligen Raum des Tempels vom sogenannten „Allerheiligsten“ trennen.

Warum mussten diese zwei Bereiche voneinander getrennt werden? Weil das Allerheiligste den Thronsaal Gottes darstellte. Nur der oberste Priester durfte das Allerheiligste betreten – nur ein paar Minuten lang und nur einmal im Jahr.

Der Vorhang trennte aber nicht nur zwei Räume voneinander ab. Durch den Vorhang wurde auch deutlich: Gottes Volk war von Gott getrennt. Warum? Weil Gott so heilig ist. Das bedeutet: Nicht das kleinste Fitzelchen Böse oder Dunkle ist in ihm. Deshalb erträgt Gott es nicht, in der Nähe von bösen Dingen oder fehlerhaften Menschen zu sein. Leider sind wir Menschen aber fehlerhaft und tun böse Dinge. Darum durften die Menschen damals nicht in Gottes Nähe sein. Der Vorhang im Tempel trennte die Menschen also von Gott.

Aber eines Tages schickte Gott seinen Sohn Jesus auf die Erde. Jesus lebte ganz nah bei den Menschen. Und weißt du was? Als Jesus starb, riss der Vorhang im Tempel entzwei! Einfach so. Kein Mensch hat den Vorhang angefasst. Der dicke Vorhang riss plötzlich von *oben* nach *unten* durch. Komplett. Gott selbst riss ihn in zwei Stücke. Damit wollte er sagen: „Von jetzt an gibt es nichts mehr, was euch von mir trennen kann. Denn mein Sohn Jesus hat durch seinen Tod am Kreuz alles Böse und Fehlerhafte auf sich genommen. An euch klebt nichts Dunkles und Böses mehr, wenn ihr Jesus euer Leben anvertraut."

Jesus bezahlte mit seinem Leben für all unsere Fehler und für alles Böse auf der Welt. Das heißt: Das Böse – und selbst der größte Fehler, den wir machen können – kann uns nicht mehr von Gott fernhalten. Du brauchst jetzt keinen obersten Priester mehr, der für dich im Allerheiligsten betet. Kein Pfarrer, kein Pastor muss für dich zu Gott kommen. Denn du selbst darfst zu Gott kommen und persönlich mit ihm reden. Du betrittst im Gebet also direkt den Thronsaal Gottes, das Allerheiligste! Nichts kann dich jemals von Gott und seiner Liebe zu dir trennen.

Jetzt bist du dran!

Weißt du, wie ein „Zutritt verboten!"-Schild aussieht? Vielleicht hast du ja Lust, dein eigenes „Zutritt erlaubt!"-Schild zu basteln. Das Schild kann dich daran erinnern, dass du immer zu Gott kommen kannst.

77

HALTE ES NICHT GEHEIM!

*Denn ich schäme mich nicht
für die gute Botschaft von Christus.
Diese Botschaft ist die Kraft Gottes,
die jeden rettet, der glaubt.*
Römer 1,16 (NL)

Als Jesus am Kreuz starb, war das kurz vor einem großen jüdischen Fest, dem Passahfest. Die Anführer der Juden forderten: „Sein toter Körper muss noch vor Sonnenuntergang abgenommen werden, weil dann unser Fest beginnt."

Ein Mann schlich nun heimlich zu Pilatus, dem obersten Verwalter der römischen Region Judäa. Der Mann hieß Josef von Arimathäa. Er bat Pilatus um den toten Körper von Jesus. Josef war nämlich ein heimlicher Anhänger Jesu gewesen. Dieser Josef muss viel Macht gehabt haben, wenn er mit Pilatus sprechen durfte. Manche Leute glauben, dass Josef von Arimathäa sogar zu den Religionsführern der Juden gehörte. Doch solange Jesus am Leben war, tat Josef so, als würde er Jesus nicht mögen. Sicher hatte er Angst vor den anderen religiösen Anführern.

Josef hatte an diesem Tag einen Begleiter: Nikodemus. Der war ganz sicher einer der Religionsführer, das lesen wir in der Bibel. Doch auch Nikodemus folgte Jesus nur heimlich. Denn auch er hatte Angst vor den anderen Religionsführern. Nikodemus öffnete den riesigen Krug mit duftendem Gewürzöl, um Jesus damit einzubalsamieren.

Gemeinsam umwickelten die beiden den Körper von Jesus mit Stoffstreifen, die sie zuvor mit dem Öl eingerieben hatten. Anschließend legten sie den Körper in Josefs eigenes Grab (Matthäus 27,60). Mit einem großen Stein verschlossen sie das Grab. Dann wurden Soldaten gerufen, die den Eingang zum Grab bewachen sollten. Pilatus und die Religionsführer wollten nämlich sicherstellen, dass niemand das Grab öffnete. Doch kurze Zeit später war der Stein weggewälzt und Jesus war verschwunden! Du weißt sicher: Jesus ist wieder lebendig geworden, weil Gott ihn wieder zum Leben erweckt hat. Das feiern wir an Ostern.

Josef und Nikodemus waren lange Zeit heimliche Nachfolger von Jesus. Aber als sie Jesus beerdigt hatten, wussten das sicher alle jüdischen Anführer. Aber Josef und Nikodemus war es nun egal, was die anderen dachten. Die Bibel verrät uns nicht, wie es mit den beiden Männern weiterging. Aber eins ist sicher: Ihre Liebe zu Jesus war nun nicht mehr geheim.

Es gibt Sachen, die geheim bleiben sollten, beispielsweise die Vorbereitung von Überraschungspartys. Von anderen Dingen sollte man jedoch weitererzählen. Halte deine Liebe zu Jesus nicht geheim! Lass andere wissen, dass du ihn lieb hast!

Jetzt bist du dran!

Denk mal nach: Was hast du schon mit Jesus und Gott erlebt? Wem könntest du diese Woche davon erzählen? Wem könntest du sagen, dass Gott ihn genauso lieb hat wie dich?

78

JESUS – WIEDER QUICKLEBENDIG!

„Jesus ist nicht hier!
Er ist von den Toten auferstanden.
So, wie er es gesagt hat."
Matthäus 28,6 (NL)

Es war am frühen Sonntagmorgen, nachdem Jesus am Karfreitag getötet worden war. Der Himmel war noch dunkel. Maria Magdalena und andere Frauen, die Jesus lieb hatten, machten sich auf den Weg zum Grab. Sie waren sehr traurig. Die anderen Freunde von Jesus versteckten sich: Sie hatten noch immer Angst, verhaftet zu werden, weil sie Jesus nachgefolgt waren. Jesus war mausetot. Er lag im Grab. Stimmt's?

Stimmt nicht!

Denn plötzlich, mitten in der Nacht, gab es ein Erdbeben. Ein Engel kam vom Himmel herab. Er wälzte den Stein vom Grab weg und setzte sich darauf. Das Einzige, was mehr zitterte als die Erde, waren die Soldaten, die das Grab bewachten – sie fielen vor Schreck in Ohnmacht.

Als die Frauen am Grab angekommen waren, war der Engel noch dort. Er sagte zu ihnen: „Habt keine Angst! Ich weiß: Ihr sucht Jesus, der gekreuzigt wurde. Aber er ist nicht hier! Er ist von den Toten auferstanden, so, wie er es vorausgesagt hat. Kommt und seht, wo sein toter Körper gelegen hat!“ (siehe Matthäus 28,5–6).

Das war der Morgen, an dem alles anders wurde. Für Maria Magdalena und die anderen Frauen. Für die Jünger von Jesus. Und auch für dich und mich! Alles wurde anders, denn Jesus ist vom Tod auferstanden!

Seitdem ist der Tod nicht mehr das Ende. Für alle, die Jesus lieben und ihm vertrauen, ist der Tod sogar ein wunderbarer Neuanfang – der Anfang eines Lebens bei Gott im Himmel. Du weißt ja: Als Jesus am Kreuz starb, nahm er alles Böse der Welt und auch all deine Fehler auf sich. Du darfst für immer Gottes Kind sein und zu ihm gehören. Als Jesus wieder lebendig wurde, öffnete er die Türen des Himmels. Er sagte – und sagt auch heute noch – zu allen, die ihn lieben und ihm vertrauen: „Kommt rein!“

Für alle Menschen, die Jesus vertrauen, hat der Tod nicht das letzte Wort. Jesus hat den Tod besiegt! Deshalb können wir für immer bei Gott sein. Jesus hat das möglich gemacht – am allerersten Ostermorgen.

Jetzt bist du dran!

„Jesus lebt, er ist mitten unter uns!“ Los, sing und tanz mit!

79

HALTE DIE AUGEN OFFEN

Am Abend mögen Tränen fließen –
am Morgen jubeln wir vor Freude.
Psalm 30,5 (GN)

Maria Magdalena hat in ihrem Leben schon viel Traurigkeit und Leid erlebt. Aber Jesus hat ihr geholfen. Er hat sie frei gemacht von all dem, was sie belastet hat. Die Freude kehrte wieder in Marias Leben zurück und sie wurde eine Nachfolgerin von Jesus.

Doch nun war Jesus tot und lag in einem Grab. Maria spürte wieder viel Traurigkeit. Drei Tage lang weinte sie um ihren engsten Freund.

Ganz früh am Sonntagmorgen lief Maria los – direkt zum Grab von Jesus. Sie hatte einen Krug mit duftendem Öl dabei, denn sie wollte den toten Körper von Jesus damit einreiben. Doch Maria erschrak heftig: Das Grab war leer! Sie dachte, jemand hätte den Leichnam gestohlen. Maria wurde gleich noch trauriger, über ihr Gesicht flossen die Tränen. Da sah sie hinter sich plötzlich einen Mann stehen und dachte: *Es ist bestimmt der Gärtner.* Deshalb bat sie ihn: „Bitte zeig mir, wo du ihn hingeschafft hast."

In diesem Moment sagte der Mann einfach nur: „Maria."

Ein einziges Wort. Ihr Name. Und in dieser Sekunde wusste Maria, dass es Jesus war! Drei Tage lang war Marias Welt stockdunkel, traurig und voller Tränen. Dann kam der Morgen – und Marias Leben war plötzlich wieder voller Licht und einer Freude, die nur Jesus schenken kann!

Auch wir erleben manchmal traurige und schwere Zeiten. Ja, es gibt Tage, an denen du nur heulen könntest. Aber Jesus verspricht dir und mir: Die Freude kommt immer wieder zurück! Halte deine Augen offen. Halte nach der Freude Ausschau. Denn sie wird kommen, ganz sicher! Gott hat uns versprochen, dass die Traurigkeit nicht ewig dauern wird. Weil Jesus aus dem Grab auferstanden ist, können wir uns sicher sein: Gott hält sein Versprechen!

Jetzt bist du dran!

„Herr, du allein gibst mir Freude, die von innen kommt ... Du bringst mich zum Lachen, machst, das mein Herz singt!" Komm, sing einfach mit!

80

GOTTES GROSSE MACHT

Der Geist Gottes hat Jesus von den Toten auferweckt. Und dieser lebendige Geist lebt auch in euch!
Nach Römer 8,11

Als Maria Magdalena und die anderen Frauen am allerersten Sonntagmorgen das leere Grab entdeckt hatten, rannten sie los. Sie spazierten nicht gemütlich zurück, nein. Schnurstracks liefen sie zu den Jüngern – den Freunden, die auch mit Jesus unterwegs gewesen waren. Den Frauen war noch nicht klar, was wirklich geschehen war. Doch sie wussten: Das Grab von Jesus war leer.

Petrus und Johannes hörten die Nachricht und liefen nun ebenfalls los zum Grab. Auch sie spazierten nicht gemütlich dorthin, sondern rannten die ganze Strecke. Johannes war schneller und kam vor Petrus am Grab an. Er schaute hinein – und sah die Grabtücher, mit denen der tote Körper von Jesus umwickelt gewesen war. Aber Jesus sah er nicht. Johannes war erschrocken und erstaunt. Da kam Petrus schnaufend dazu ... und stapfte mutig ins Grab hinein. Er fand das Tuch, das um den Kopf von Jesus gewickelt gewesen war. Es war fein säuberlich zusammengefaltet. Jetzt traute sich auch Johannes in die Grabhöhle. In der Bibel lesen wir: „Johannes sah und glaubte" (Johannes 20,8).

Aber was hatte Johannes denn gesehen? Den lebendigen Jesus konnte er ja noch nicht sehen. Er sah nur die Grabtücher dort liegen – die Stoffstreifen, in denen der Leichnam eingewickelt worden war. Allerdings lagen sie nicht durcheinander herum. Es war klar: Hier waren keine Grabräuber am Werk gewesen. Jesus war offenbar einfach durch diese Tücher hindurchgeschlüpft. Jesus war wirklich vom Tod auferstanden!

Warum ist das leere Grab so wichtig? Weil Jesus seinen Jüngern schon im Voraus angekündigt hatte: „Ich werde wieder vom Tod auferstehen." Das leere Grab ist der Beweis, dass Jesus die Wahrheit gesagt hatte. Es beweist, dass Jesus wirklich Gottes Sohn ist. Kein Mensch konnte Jesus besiegen. Nicht einmal der Tod konnte ihn festhalten. Wenn nun Gottes Macht so groß ist, dass sie den Tod besiegen kann, dann darfst du dich auf genau diese Macht verlassen. Gott ist mächtig! Er kümmert sich wirklich um dich!

Gott hat die Macht, alles zu tun, was er versprochen hat. Er kann jedes Versprechen einhalten. Wenn er also sagt: „Ich lasse dich nie im Stich", dann wird er dir immer helfen und dich retten – denn Gott hat die Macht zu tun, was er sagt!

Gebet

Lieber Gott, egal, was heute passiert: Ich weiß genau, dass du die Macht hast, dich um mich und um _________ (setze ein Anliegen ein) zu kümmern. Danke dafür. Amen.

81

FISCHBRÖTCHEN

Nach dem Frühstück
sagte Jesus zu Simon Petrus:
„Simon, liebst du mich mehr als die anderen?"
Petrus erwiderte: „Ja, Herr, du weißt,
dass ich dich lieb habe!"
Johannes 21,15 (NL)

In der Nacht vor seinem Tod sagte Jesus zu seinem Freund Petrus: „Noch bevor morgen früh der Hahn kräht, wirst du drei Mal gesagt haben: ‚Ich kenne diesen Jesus nicht'!" (Lukas 22,34). Doch Petrus glaubte ihm nicht.

Kurz darauf verhafteten die Soldaten Jesus. Petrus folgte ihnen heimlich zum Haus des obersten Priesters der Juden. Petrus hatte Angst und er bemühte sich, von anderen nicht gesehen zu werden. Trotzdem sah ihn jemand. Drei Leute sprachen ihn nacheinander an und sagten zu ihm: „Du bist doch auch mit diesem Jesus unterwegs gewesen!" Und dreimal antwortete Petrus, dass er Jesus gar nicht kenne. Da krähte der Hahn, genau so, wie Jesus es vorausgesagt hatte. Da lief Petrus beschämt weg und weinte.

Allerdings hört die Geschichte von Petrus hier noch nicht auf. Nach seiner Auferstehung machte Jesus sich auf die Suche nach Petrus. Er fand Petrus in einem Boot, er war gerade mit ein paar anderen Jüngern fischen. Die ganze lange Nacht hatten sie schon die Netze ausgeworfen, aber keinen einzigen Fisch gefangen.

Jetzt rief Jesus ihnen zu: „Werft die Netze rechts vom Boot aus!" Obwohl die Jünger Jesus zunächst nicht erkannten, folgten sie seiner Anweisung. Und da flogen ihnen die Fische auf einmal förmlich ins Netz! Die Jünger waren verblüfft. Da erkannten sie, dass der Mann am Ufer Jesus war! Petrus sprang sofort aus dem Boot, schwamm ans Ufer und lief zu ihm.

An einem Feuer wartete Jesus auf Petrus. Er hatte schon ein Frühstück vorbereitet mit Fisch und Fladenbrot – die altmodische Variante des Fischbrötchens. Dreimal fragte Jesus Petrus: „Hast du mich lieb?" Und dreimal antwortete Petrus: „Ja, Herr." Aber warum dreimal? Weil Petrus dreimal behauptet hatte, Jesus nicht zu kennen. Jesus wollte Petrus zeigen, dass er ihm alle drei Male vollkommen vergab.

Petrus hatte dreimal hintereinander einen großen Fehler gemacht. Wenn du mal etwas Falsches getan oder Jesus traurig gemacht hast, dann beendet Jesus nicht die Freundschaft zu dir. Niemals! Denn Jesus hat dich so sehr lieb. Er geht dich suchen, wie er es mit Petrus gemacht hat. Aber genau genommen ist Jesus immer in deiner Nähe. Er wartet nur darauf, dir die Fehler zu vergeben – dass du zu ihm gelaufen kommst.

Jetzt bist du dran!

Jesus hört niemals auf, dich zu lieben. Auch dann nicht, wenn du Fehler machst. Aber er möchte, dass du dich dann ehrlich an ihn wendest. Sage einfach: „Jesus, ich weiß, es war falsch, ____________________ zu tun. Es tut mir leid. Bitte vergib mir." Dann vergibt er dir vollkommen!

82

EIN HELFER FÜR DICH UND MICH

*Jesus sagte: „Ich werde meinen Vater bitten,
dass er euch an meiner Stelle
einen anderen Helfer schickt.
Einen, der für immer bei euch bleibt."*
Nach Johannes 14,16

Wenn jemand dich fragt, wer Gott ist, dann weißt du sicher die Antwort. Genau: Er ist der Schöpfer von allem. Er ist der Herrscher über das ganze Weltall und er hat die Macht, *alles* zu tun.

Wenn dich jemand fragt, wer Jesus ist, kannst du darauf sicher auch eine gute Antwort geben: Jesus ist Gottes Sohn. Er wurde als Baby in Bethlehem geboren. Er starb, um uns von unserer Schuld und allem Bösen zu befreien. Er wurde begraben und wurde dann wieder lebendig.

Doch wenn dich jemand fragt: „Wer ist der Heilige Geist?", was würdest du da antworten? Viele von uns – sogar Erwachsene – können diese Frage nicht so gut beantworten. Der Heilige Geist? Er ist der Geist, der von Gott kommt. Du musst wissen, dass Gott nicht so ist wie du und ich. Du bist bloß du und ich bin bloß ich. Aber Gott besteht aus drei Personen in einem – immer gleichzeitig! Gott ist ... Gott, der Vater, Jesus, der Sohn, und Gott, der Heilige Geist! Ich weiß, das ist ganz schön schwer zu verstehen. Trotzdem gibt es eine gute Nachricht: Wir brauchen den Heiligen Geist nicht komplett zu verstehen. Wir müssen nur wissen: Der Heilige Geist lebt in uns und hilft uns. Er tut das ab dem Zeitpunkt, wenn wir uns entscheiden, Jesus nachzufolgen.

Auf welche Weise hilft dir der Heilige Geist nun? Ein paar Möglichkeiten zähle ich dir auf:

* Er bleibt immer bei dir (Johannes 14,16).
* Er tröstet dich, wenn du traurig bist oder Angst hast (Psalm 94,19).
* Er erklärt dir, was Gottes Worte in der Bibel tatsächlich bedeuten (Johannes 14,26).
* Er erinnert dich an Worte von Gott, und zwar genau dann, wenn du sie brauchst (Johannes 14,26).
* Er hilft dir zu beten (Römer 8,26).

Wenn dich also jemand fragt, wer der Heilige Geist ist, hast du jetzt eine Antwort darauf!

Jetzt bist du dran!

Für den Heiligen Geist gibt es ein Fest: Pfingsten. An Pfingsten hat Gott den Freunden von Jesus seinen Geist geschickt – als Helfer. Der Heilige Geist wird oft in Form einer Taube dargestellt. Bastele eine Taube aus Papier, ganz easy, als Erinnerung an deinen Helfer.

83

ICH KANN NICHT SCHWEIGEN

Trage Gottes Botschaft in die ganze Welt
und sag allen Menschen,
was du gesehen und gehört hast.
Nach Apostelgeschichte 22,15

Es gibt Zeiten, in denen man einfach reden *muss*. Und es gibt Zeiten, in denen man Ärger bekommt, wenn man redet, zum Beispiel in einer Bibliothek. Aber es gibt auch Zeiten, in denen sich der Ärger lohnt, zum Beispiel, wenn man von Jesus erzählt. Dafür entschieden sich die Jünger von Jesus.

Es war nämlich so: Nachdem Jesus in den Himmel zurückgegangen war, begannen die Freunde von Jesus, allen Leuten von ihm zu erzählen. Den Anführern der Juden gefiel das gar nicht. Sie wollten die Jünger zum Schweigen bringen, darum ließen sie sie ins Gefängnis werfen. Doch in der Nacht kam ein Engel Gottes und öffnete die Gefängnistüren! Danach befahl der Engel den Jüngern, in den Tempel zu gehen und weiter von Jesus zu erzählen.

Den Jüngern war klar: Das würde die jüdischen Anführer noch mehr verärgern! Aber ich glaube: Wenn ein Engel erscheint und dir etwas befiehlt, dann tust du es einfach.

Am nächsten Morgen lief ein Mann zu den religiösen Anführern und sagte: „Die Männer, die ihr ins Gefängnis geworfen habt, sind jetzt auf dem Tempelgelände. Sie erzählen dort den Leuten öffentlich von diesem Jesus!“ (siehe Apostelgeschichte 5,25). Natürlich wurden die jüdischen Anführer sehr zornig. Sofort ließen sie die Jünger holen. „Wir haben euch die klare Anweisung gegeben, dass ihr nicht von Jesus weitersagen sollt“, sagte der oberste Priester (Vers 28).

Aber Petrus ließ sich nicht einschüchtern. Er antwortete: „Man muss Gott mehr gehorchen als den Menschen“ (Vers 29). Die Anführer der Juden ließen die Jünger auspeitschen und befahlen ihnen erneut, nicht mehr von Jesus zu sprechen. Die Jünger konnten jedoch nicht schweigen. Sie *mussten* einfach allen Leuten die gute Nachricht von Jesus erzählen!

Ja, es ist leichter, nichts über Jesus zu sagen. Aber die Menschen auf dieser Welt brauchen Jesus! Sie müssen unbedingt hören, wie sehr Gott sie liebt – und dass Gott ihnen Hoffnung schenken will. Sie müssen erfahren, wie sie Vergebung bekommen und wie sie ein Kind Gottes werden können. Sie brauchen *dich*, damit du es ihnen erzählst.

Allerdings werden manche Leute nichts von Jesus hören *wollen*. Manche werden dich nicht mögen, weil du von ihm redest. Aber manche werden zuhören, dann glauben und von Gott gerettet werden. Aus einem einfachen Grund: weil du nicht geschwiegen hast!

Jetzt bist du dran!

Es erfordert Mut, anderen von Jesus zu erzählen. Deshalb: Fang mit Leuten an, die du kennst. Eine gute Übung ist, mit deinen Eltern über Jesus zu reden. Danach rede mit einem Freund. Und schließlich schaust du einfach, wen Gott in dein Leben schickt – und erzählst diesen Menschen von Jesus.

84

JEDER HÖRT GERN EIN „SUPER GEMACHT!“

Habt ein gutes Wort für jeden, der es braucht.
Was ihr sagt, soll hilfreich und ermutigend sein.
Epheser 4,29 (Hfa)

„Spitze!“ – „Super gemacht!“ – „Richtig toll!“ Wer hört nicht gerne solche Komplimente? Egal, ob du gerade die schwerste Matheaufgabe aller Zeiten gelöst hast, ob du ein Tor geschossen oder deiner Schwester bei den Hausaufgaben geholfen hast – ein ernst gemeintes Lob fühlt sich einfach toll an.

Jeder muss ab und an ein „Super gemacht!“ hören. Die Bibel nennt so etwas Ermutigung. Eine Ermutigung baut einen Menschen auf und macht ihn stärker.

Manchmal bedeutet Ermutigung, jemandem zu sagen, wie gut er seine Aufgaben gemeistert hat. Ermutigen kann man aber auch, wenn man jemanden anfeuert: „Du schaffst das!“ oder „Ich halte zu dir!“ oder „Ich weiß, du kannst das!“ Ermutigen kann aber noch mehr sein: Man kann anderen Menschen erzählen, wie gut jemand ist. Genau das hat Barnabas für Paulus getan.

Vor Paulus fürchteten sich die Christen vor etwa 2.000 Jahren sehr. Denn er ließ die Jesus-Nachfolger verhaften und ins Gefängnis werfen oder sogar töten! Doch eines

Tages begegnete dem Christenhasser Paulus tatsächlich der lebendige Jesus. Paulus war gerade unterwegs in die Stadt Damaskus. Und plötzlich veränderte sich sein ganzes Leben. Paulus erkannte, dass er Jesus folgen musste. Von nun an war Paulus so begeistert von Jesus, dass er andere Christen treffen und mit ihnen über Jesus sprechen wollte. Aber diese Christen hatten immer noch Angst vor Paulus. Sie fragten sich: *Hat der sich wirklich verändert? Oder ist das nur eine Falle, um auch uns zu verhaften?* Da meldete sich ein Gemeindeleiter zu Wort, Barnabas. Sehr viele Christen kannten ihn und vertrauten ihm. Barnabas beruhigte sie: „Paulus ist tatsächlich ein völlig veränderter Mensch. Ihr könnt ihm wirklich vertrauen!" Jetzt glaubten sie Barnabas.

Rate mal, was der Name Barnabas bedeutet! „Der anderen Mut macht" (Apostelgeschichte 4,36; Hfa). Wie passend!

Ich glaube, Gott freut sich sehr, wenn seine Nachfolger so wie Barnabas sind – und andere ermutigen. Wenn du andere *ermutigst*, gibst du ihnen den *Mut*, so zu sein, wie Gott sie sich ausgedacht hat. Ist doch cool, oder?

Jetzt bist du dran!

Beobachte, was anderen gut gelingt – und lobe sie dafür. Feuere diejenigen an, die etwas Neues oder Schwieriges ausprobieren. Und sag Gutes über andere Menschen. Sei heute ein Barnabas für jemanden. Hey, du kannst das!

85

EIN GROSSER AUFTRAG

Ich wünsche euch, dass Gott euch mit allem versorgt, was ihr braucht, um seinen Auftrag zu erfüllen.
Nach Hebräer 13,21

Jesus hatte einen Auftrag für Paulus. Jesus kam vom Himmel herab, stellte sich neben Paulus und gab ihm genaue Anweisungen. (Hey, wie krass ist das denn?) „Sei zuversichtlich", sagte Jesus. „Genauso, wie du den Menschen hier in Jerusalem von mir erzählt hast, musst du meine Botschaft auch in Rom predigen" (Apostelgeschichte 23,11).

Es gab einen Grund dafür, dass Jesus „Sei zuversichtlich!" sagte. Die Reise nach Rom war nämlich nicht leicht. Zuerst wurde Paulus verhaftet. Dann musste er sich aus der Stadt schleichen, um nicht getötet zu werden! Schließlich stieg Paulus in ein Schiff, das in Richtung Rom fuhr. Doch es war ein Gefängnisschiff. Und Paulus war einer der Gefangenen!

Anschließend geriet das Schiff in einen schrecklichen Sturm, der viele Tage dauerte. Alle dachten, sie müssten sterben. Nur Paulus nicht. Denn ein Engel kam zu ihm und erinnerte ihn an seinen Auftrag. Gott hatte ihn nach Rom geschickt und würde auch dafür sorgen, dass es klappte.

Und tatsächlich landete Paulus in Rom. Unterwegs dorthin erlebte er aber noch sehr aufregende Dinge: einen Schiffbruch, einen gefährlichen Schlangenbiss und eine Weiterreise auf einem anderen Schiff. Doch schließlich kam Paulus in Rom an – und dort erzählte er sehr vielen Menschen von Jesus.

Die Reise nach Rom verlief für Paulus ganz bestimmt nicht so, wie er sich das vorgestellt hatte. Doch Paulus wusste: Gott hat einen Plan für mich und einen Auftrag! Darum vertraute er Gott – und dass Gott wirklich alles lenken würde.

Auch für dich hat Gott einen Plan und einen Auftrag. Er möchte, dass du anderen von ihm erzählst. Wie Paulus erlebst du vielleicht manchmal Schwierigkeiten im Leben. Vielleicht erfährst du auch mal so etwas wie einen Schiffbruch: Du wirst enttäuscht oder du verlierst deinen Platz in der Mannschaft ... oder eine Freundschaft geht kaputt oder du verlierst sogar einen geliebten Menschen. Aber genau wie Paulus darfst du dich immer auf Gott verlassen. Er hilft dir, den Auftrag zu erfüllen, den er für dich hat.

Jetzt bist du dran!

Ein Auftrag kann riesig groß sein – zum Beispiel: „Segele nach Rom und erzähl dort von Jesus!" Aber es gibt auch kleinere Aufträge: Jemanden ermutigen. Dem besten Freund erzählen, was du mit Jesus erlebt hast. Für die kranke Nachbarin beten. Frage Gott mal, welchen Auftrag er heute für dich hat.

86

STOPP! GIB ES AN GOTT AB!

Sorgt euch um nichts, sondern betet um alles.
Sagt Gott, was ihr braucht, und dankt ihm.
Philipper 4,6 (NL)

Machst du dir manchmal Sorgen? Eigentlich tut das jeder manchmal. Sorge ist die Angst, dass etwas Bestimmtes passieren *oder* nicht passieren wird – oder die Befürchtung, dass die Dinge nicht so laufen werden wie geplant.

Die Sorge ist wie ein kleines Samenkorn, das in unseren Gedanken eingepflanzt ist. Dort kann dieser Same wachsen und gedeihen – bis er irgendwann alles überwuchert! Die Sorge kann uns von den Dingen abhalten, die wir eigentlich tun wollen oder müssen. Und sie kann uns davon abhalten, all das Gute zu sehen, was um uns herum passiert. Deshalb schrieb Paulus an die Christen: „Sorgt euch um nichts."

Vielleicht denkst du jetzt: *Ach, der hat leicht reden. Der war ja der berühmte Apostel Paulus. Welche Probleme hatte der denn schon?* Nun, ich sag dir: ganz schön viele!

Rate mal, wo Paulus gerade war, als er schrieb: „Sorgt euch um nichts". Im Gefängnis! Als Paulus ein Jesus-Nachfolger wurde, bekam er plötzlich viele Feinde. Paulus wurde mehrmals verprügelt und gesteinigt. Die religiösen Anführer der Juden hassten ihn. Und es scheint so, als hätte ständig jemand versucht, Paulus zu töten. Daran siehst du: Paulus hatte total viele Gründe, sich Sorgen zu machen ...

Aber Paulus wollte sich keine Sorgen machen! Und er verrät uns, *wie* wir die Sorgen loswerden können: „Betet um alles. Sagt Gott, was ihr braucht." Gott verspricht uns an vielen Stellen in der Bibel: Er will uns alles geben, was wir brauchen! Und Gott hält immer seine Versprechen (Hebräer 10,23). Das wusste Paulus, und auch du weißt es jetzt.

Worüber machst du dir gerade Sorgen? Vielleicht, ob die anderen dich mögen oder ob du den Deutschtest schaffst? Möglicherweise sorgst du dich auch um jemanden, der gerade krank ist? Sobald ein kleines Sorgen-Samenkorn versucht, sich bei dir einzupflanzen, lass es nicht wachsen! Sag sofort „Stopp!" und bitte Gott, sich um die Sache zu kümmern, die dich bedrücken will.

Jetzt bist du dran!

Hier gibt es starke Versprechen Gottes an dich: Psalm 121,1–2 und Matthäus 28,20. Schlag nach. Welche ist heute deine Lieblingszusage? Schreib sie dir auf ein Kärtchen!

87

EIN VOLLER EIMER

Habt Geduld und versucht,
in Liebe miteinander auszukommen.
Nach Epheser 4,2

Ich verrate dir ein kleines Geheimnis: Das Leben ist wie ein Eimer voller Tischtennisbälle. Stell dir vor, du hast einen Eimer voller Tischtennisbälle. Tun wir mal so, als sei der Eimer ein Tag in deinem Leben. Jeder Tischtennisball im Eimer ist ein Glücksmoment, den du im Laufe des Tages bekommen sollst. Aber jetzt passiert Folgendes: Es passiert etwas, was du doof oder falsch findest. Du bist deshalb genervt, wütend oder traurig. *PLOPP!* – verschwindet ein Tischtennisball aus dem Eimer.

- Dein Bruder blockiert morgens das Bad. *Plopp!* Ein Glücksball verschwindet.
- Dein liebstes T-Shirt ist schmutzig. *Zack!* Noch ein Ball ist weg.
- Dein Lehrer schreibt einen unangekündigten Test. *Hoppla!* Wieder ein Ball weniger im Eimer.
- Deine beste Freundin hält dir keinen Platz im Bus frei. *Hui!* Ein Ball fliegt davon.
- Die Keksdose ist leer. *Pling!* Ein weiterer Ball geplatzt.

* Zum Abendessen gibt es Rosenkohl. Du verziehst das Gesicht. *Plopp-plopp!* Oh weh ... es sind gar nicht mehr viele Bälle im Eimer!

Nach und nach verschwinden die Bälle. Dein Glückseimer ist leer. Denn dein Ärger und Frust und deine schlechte Laune haben alle Bälle weggeräubert. Aber wie sollst du fröhlich sein oder andere Menschen glücklich machen, wenn dein eigener Glückseimer leer ist? Das geht nicht. Wie sollst du anderen begeistert von Jesus erzählen, wenn du selbst die Mundwinkel nicht mehr zum Lächeln hochbekommst? Auch das kann niemand. Aus diesem Grund sagt Paulus: „Habt Geduld und versucht, in Liebe miteinander auszukommen."

Damit meint er, dass du nicht wegen jeder Kleinigkeit ausrasten oder dich ärgern sollst. Erwarte von anderen nicht, dass sie dir alles recht machen. Und erwarte nicht, dass die anderen Menschen perfekt sind. Schließlich bist auch du nicht perfekt. Bewache deinen Eimer gut, damit du viele Tischtennisbälle – äh, ich meine viele Glücksmomente – hast, die du mit anderen teilen kannst.

Gebet

Gott, wenn die Dinge nicht so laufen, wie ich sie gerne hätte, erinnere mich bitte daran, trotzdem glücklich zu bleiben – weil du mein allerbester Freund bist und mir jeden Tag Gutes schenkst. Amen.

88

JETZT IST DER MOMENT!

Egal, ob ich wenig oder viel habe:
Ich kann mit beidem zufrieden sein.
Nach Philipper 4,12

Wann wirst du so richtig megamäßig glücklich sein – glücklich ohne Ende? Wenn endlich Sommerferien sind? Wenn du den kleinen Hund bekommst, den du dir so sehr wünschst? Wenn du endlich nicht mehr zur Schule gehen musst?

Vielleicht denkst du ja auch: Wenn ich das Tor schieße oder Klassenbester werde, bin ich so richtig glücklich. Oder wenn der nervige Tom mich endlich in Ruhe lässt. Wenn mein bester Freund irgendwann wieder in meine Nähe zieht. Oder ... oder ...

Nun, du kannst dein ganzes Leben lang darauf warten, dass alles supergenial wird und du endlich glücklich bist. Und manche Dinge können uns tatsächlich eine Zeit lang glücklich machen. Aber irgendwann werden wir uns wieder etwas anderes wünschen, was wir unbedingt zum Glücklichsein bräuchten.

Der Apostel Paulus hatte eine andere Vorstellung vom Glück. Er *entschied* sich einfach dazu, glücklich zu sein. Egal, was gerade los war und was er gerade hatte: Er war damit zufrieden. Wow! Das Spannende an der Sache ist aber: Paulus traf diese Entscheidung, als er gerade im Gefängnis war. Ja, genau – im Gefängnis! Anstelle eines Hündchens hatte er einen Gefängniswärter. Statt zu rennen und ein geniales Tor zu schießen, war er angekettet. Er wartete nicht auf den Urlaub, sondern darauf, freigelassen zu werden. Doch wie konnte Paulus sich denn entscheiden, an einem solchen dunklen Ort glücklich zu sein?

Ganz einfach: Paulus machte sich keine lange Liste mit allen Sachen, die er haben und erreichen wollte, um glücklich zu sein. Seine Liste war sehr kurz. Ehrlich gesagt stand nur eine einzige Sache auf der Liste: Jesus. Paulus hatte Jesus – und das reichte ihm.

Ich finde das stark. Also ich möchte das auch: Jesus in meinem Leben haben – und mich dann entscheiden, *genau jetzt* glücklich zu sein. Und du?

Jetzt bist du dran!

Wenn du Jesus hast, besitzt du alles, was du brauchst, um glücklich zu sein! Gestalte dir ein Glücksmomente-Glas. Dann schau einfach mal, was er dir jeden Tag alles schenkt. Immer, wenn du einen Glücksmoment erlebst, schreib es auf und steck es in dein Glücksmomente-Glas.

89

ZU HAUSE IST ES AM SCHÖNSTEN

Eine einzige Bitte habe ich an Gott:
Ich sehne mich danach, solange ich lebe,
bei ihm zu wohnen.
Nach Psalm 27,4

Es gibt einen guten Grund, warum man sagt: „Zu Hause ist es am schönsten!“ – weil das Zuhause normalerweise ein Ort ist, wo man sich richtig wohlfühlt. Das *Zuhause* ist mehr als nur die Wohnung oder das Wohnhaus. Es ist mehr als eine Unterkunft.

* *Zuhause ist, wo man sich sicher und geliebt fühlt.* Hier brauchst du keine Angst zu haben. Hier bist du sicher. Denn hier ist jemand, der auf dich aufpasst, dich versorgt – und dich ganz oft in den Arm nimmt.
* *Zuhause ist, wo man es sich gemütlich machen darf.* Du darfst dich aufs Sofa fallen lassen, dich auf dem Boden ausstrecken oder dir eine Deckenbude bauen.
* *Zuhause ist, wo man sich auskennt.* Du weißt, wo Kekse und Milch zu finden sind. Und du weißt, dass du dir welche nehmen darfst – natürlich nur, wenn es nicht kurz vor der nächsten Mahlzeit ist.

Dein „Zuhause“ kann dein ganz normaler Wohnort sein. Es kann aber auch das Haus deiner Großeltern, die Wohnung eines Freundes oder das Klassenzimmer deiner Lieblingslehrerin sein. Aber das Zuhause muss nicht unbedingt ein Ort sein. Es kann auch eine Person sein. Ja, genau! Jesus kann für uns ein Zuhause sein. *Wie soll das gehen?*, fragst du dich jetzt vielleicht. Weil du dich bei Jesus ...

* *... sicher und geliebt fühlen darfst.* Er passt immer auf dich auf. Du darfst mit all deinen Sorgen und Ängsten zu ihm kommen. Dann hüllt er dich fest in seine Liebe ein, und das ist wie eine liebevolle Umarmung.
* *... entspannt und gemütlich fühlen darfst.* Du darfst dich aufs Sofa fallen lassen, auf dem Boden liegen oder dich im Bett verkriechen, während du mit Jesus redest.
* *... gut auskennst.* Du weißt genau, wo er zu finden ist, egal zu welcher Tageszeit. Und du weißt, dass du ihn jederzeit um Hilfe bitten darfst, wenn du ihn brauchst.

Bei Jesus bist du immer willkommen. Und im Gegensatz zu Häusern oder Wohnungen, in die man ein- und auszieht, ist Jesus das Zuhause, das du überall mit hinnehmen kannst.

Jetzt bist du dran!

Bau dir eine gemütliche Gebetsecke. Vielleicht mit Kissen, einem Baldachin aus Decken oder Stoffen, mit schönen Bildern an der Wand, einem Kreuz ... Bitte Jesus, dir zu helfen, ein Zuhause bei ihm zu finden.

90

WER GOTT WIRKLICH IST

Sagt Gott Danke, denn er ist gut zu uns!
Seine Liebe hört nie auf!
Nach Psalm 136,1

Manchmal vergessen wir, wer Gott eigentlich ist. Er ist nicht bloß einer, über den wir singen und der eine Rolle in Bibelgeschichten spielt. Sondern er ist der echte, lebendige, allmächtige König über alles! Genau *darüber* können wir uns total freuen! Sich *freuen* bedeutet *feiern*!

Egal, was um uns herum passiert: Wir dürfen Gott feiern. Wir dürfen uns darüber freuen, wer Gott ist. Und wer ist Gott? Er ist der, der die ganze Welt geschaffen hat – sogar das ganze riesige Weltall! Gott hat alles geschaffen, Mücken, Elefanten, Ozeane und die Sterne. Er allein hat die Sonne und den Mond gemacht und ihnen befohlen zu leuchten. Löwen brüllen, Hunde bellen und Pferde wiehern – weil Gott ihnen eine Stimme gab und ihnen die richtigen Laute beibrachte. Gott sorgt dafür, dass Samenkörner aufgehen und wachsen und dass die Wellen im Meer rauschen. Gott war es, der dem Geparden beibrachte, so schnell zu laufen. Und Gott war es auch, der dem Adler Flügel machte, um so hoch fliegen zu können. Und Gott schuf auch dich und mich.

Gott ist der König der ganzen Schöpfung. Gott hat

keinen Anfang und kein Ende. Er war schon immer da. Gott ändert sich nie – immer ist er gut und liebevoll und freundlich. Er kennt die Antwort auf jede Frage, auch auf die Fragen, die dir noch nicht eingefallen sind. Nichts ist ihm zu schwer!

Gott hat alles im Griff. Das dürfen wir nie vergessen. Denn wenn Probleme auftauchen, werden viele Menschen bedrückt, unruhig oder ängstlich. Doch wir Christen brauchen nicht so zu reagieren. Denn wir wissen, dass Gott alles im Griff hat. Genauso wissen wir, dass er sich immer um uns kümmert.

Gott ist mächtiger als jedes Problem. Er ist größer als alle Schwierigkeiten. Er ist stärker als jeder Streit. Deshalb brauchst du weder unsicher noch ängstlich zu sein. Los, freu dich und lass uns miteinander feiern!

Jetzt bist du dran!

Was ist die beste Art, Gott zu feiern? Lobe ihn! Sing ihm ein Lied. Schreib auf, was er heute schon alles für dich getan hat. Sprich ein Gebet und danke ihm. Male für ihn ein Bild oder tanze für ihn. Egal, wie du ihn feierst – Gott freut sich, wenn du dich freust, dass er der König über alles ist.

ANDACHTEN MIT BEZÜGEN ZU BIBLISCHEN TEXTEN

Altes Testament

Psalmen

Geschichten aus dem Alten Testament

Neues Testament

Die Gleichnisse Jesu

Letztes Mahl, Tod und Auferstehung Jesu

Die Apostel und ihre Briefe

STICHWORTVERZEICHNIS

Die Einsteigerbibel – eine besondere Bibel für Kinder

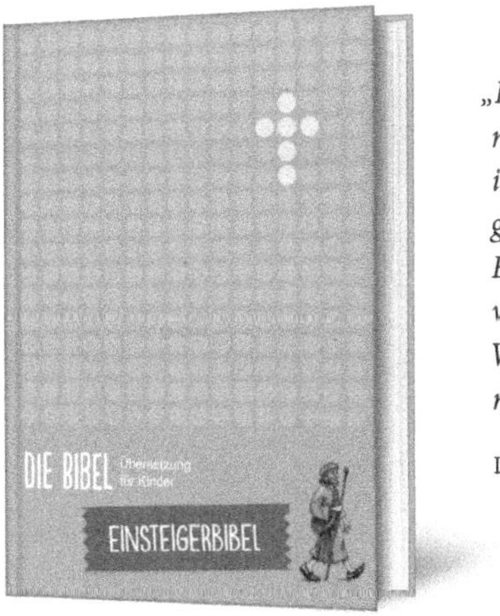

„Habe diese Bibel schon mehrfach verschenkt und immer begeisternde Worte gehört. Nicht nur von den Eltern der Kinder, sondern von den Kindern selbst. Wirklich zu empfehlen – nicht nur für Kinder."

Leserstimme

Die Einsteigerbibel bietet alle wichtigen biblischen Texte in einer einzigartigen Fassung für Kinder. Bibelgeschichten werden hier nicht nacherzählt, sondern Wort für Wort nach kindgemäßen Vorgaben übersetzt. Dadurch ist der Text leicht lesbar, gut verständlich und trotzdem eine echte Bibelübersetzung. Ab 8 Jahren.

SCM

Gebunden • 16,5 x 23,0 cm • 432 Seiten
farbig • mit Aufklebern • Lesebändchen
Einstecktasche und Einlegeblättern
ISBN 978-3-417-28816-2

Ein Andachtsbuch über Gottes Wunderwelt

„Ein wertvolles Andachtsbuch für Groß und Klein, welches uns die Augen für Gottes wunderbare Welt öffnet."

Leserstimme

Die Bibel erzählt die Geschichte der Schöpfung und die erstaunlichsten Dinge, die Gott erschafft: von Regenbögen und Wasserfällen, bunten Papageien und fleißigen Bienen bis hin zu Bergen, Wüsten und sternenklaren Nächten. Gottes Wunder umgeben uns überall und sie sind zweifellos fantastisch! In diesem Andachtsbuch erfahren Kinder mehr über Gottes faszinierende Welt. Ob Inspirationen aus der Bibel, kreative Impulse oder Entdeckungstouren draußen im Freien: Sie lernen auf unterhaltsame und kreative Weise Gott und seine Wunder näher kennen. Ideal für Kinder von 6 bis 8 Jahren.

GerthMedien

Doebler / Ramirez (Ill.) • Gott, du bist großartig!
Gebunden • 128 Seiten • ISBN 978-3-98695-031-6